KB194550

행복 공화국 대통령 서대반 장로의 행복학 시리즈 1

성경 행복학

행복 공화국 대통령 서대반 장로의 행복학 시리즈 1

성경 행복학

발행일   2019년 8월 7일

지은이   서대반
펴낸이   손형국
펴낸곳   (주)북랩
편집인   선일영   편집   오경진, 강대건, 최승헌, 최예은, 김경무
디자인   이현수, 김민하, 한수희, 김윤주, 허지혜   제작   박기성, 황동현, 구성우, 장홍석
마케팅   김회란, 박진관, 조하라, 장은별
출판등록 2004. 12. 1(제2012-000051호)
주소   서울시 금천구 가산디지털 1로 168, 우림라이온스밸리 B동 B113, 114호
홈페이지   www.book.co.kr
전화번호   (02)2026-5777   팩스   (02)2026-5747

ISBN   979-11-6299-816-8 04230 (종이책)   979-11-6299-817-5 05230 (전자책)
         979-11-6299-815-1 04230 (세트)

이 도서의 국립중앙도서관 출판예정도서목록(CIP)은 서지정보유통지원시스템 홈페이지(http://seoji.nl.go.kr)와
국가자료공동목록시스템(http://www.nl.go.kr/kolisnet)에서 이용하실 수 있습니다.

행복 공화국 대통령 서대반 장로의 행복학 시리즈 /

하는 일마다 잘되는 사람이 되기 위한 필독서

성경

서대반 지음

행복학

북랩 book Lab

이
모든 영광을
하나님께 올려 드리며
책이 출판될 수 있도록 허락하신
하나님께 진심으로
감사드립니다.

지금까지
부족한 이 남편과
35년 동안 함께 살아오면서
기도와 격려를 아끼지 않고 믿고 따라준
사랑하는 아내 주애자 전도사에게
머리 숙여 감사를 표하며
이 책을 바칩니다.

아울러
우리 부부의 최고 선물인
사랑하는 아들 서진수, 딸 서지혜
아들과 결혼해 준 사랑스러운 며느리 유지선
아들 부부의 아름다운 선물
손자 서연오, 서정오
정말로 고맙고
사랑한다.

행복을 전하는 사랑의 편지

To.............................

....

....

....

....

....

....

....

....

....

....

....

....

....

From.............................

이 책과 함께 행복과 사랑을 전하는
당신의 마음을 전해 주세요!

머리말

어느 목사님께서 "성경은 행복학 교과서"라고 표현하신 것을 본 적이 있는데, 그 표현은 정말 맞는 것 같다. 성경에는 하나님께서 우리 인간들의 행복을 위해서 주셨던 모든 축복과 은혜가 수많은 인물들을 통해 구체적으로 소개되고 있으니 성경을 행복학 교과서라고 표현하신 그 목사님의 표현에 전적으로 동의를 표한다.

이에 저자도 본서를 집필하기 위해 성경 전체를 자세히 살펴보면서 하나님께서 믿음의 선진들을 통해 우리 인간들에게 보여 주신 행복의 비결을 찾아보고, 하나님께서 주시는 복을 받기 위해 우리는 어떻게 살아야 되는지 그 행복의 비밀을 소개하면서 책 이름도 『성경 행복학: 하는 일마다 잘되는 사람이 되기 위한 필독서』라고 명하여 보았다.

성경에는 수많은 인물들이 등장하는데 그 인물들은 크게 두 부류로 나뉜다. 한 부류는 하나님께 큰 복을 받은 사람들이고, 한 부류는 실패한 사람들이다.

먼저, 1장에서는 하나님과 동행하는 삶을 살다가 하나님의 은혜로 죽음을 보지 않고 승천하는 복을 누린 에녹을 비롯하여 이 땅에 사는 동안 하는 일마다 잘되는 큰 복을 받고 행복한 삶을 살다 간 수많은 위대한 믿음의 선진들의 면면을 두루 살펴보았다.

2장에서는 하나님께서 자기 형상대로 인류의 시조를 창조하신 후 '생육하고 번성하여 땅에 충만하라. 땅을 정복하라. 바다의 고기와 공중의 새와 땅에 움직이는 모든 생물을 다스리라'는 큰 복을 주셨음에도 이들은 선악과를 따 먹지 말라는 하나님의 말씀을 불순종하여 선악과를 따 먹음으로 말미암아 자신은 물론 지금의 후손들에게까지 원죄의 굴레를 씌운 아담과 하와를 비롯하여 실패한 인물들을 자세히 살펴보았다.

아무쪼록 이 책을 읽으시는 모든 독자 여러분들이 이 땅에 사시는 동안 하나님께서 믿음의 선진들께 주셨던 행복의 비결과 비밀들은 본받아 잘 따라 하고, 실패한 사람들의 특징들은 타산지석으로 삼아 그들처럼 살지 않고 오로지 하나님의 은혜로 행복한 삶을 살아갈 수 있게 되기를 간절히 바라는 마음으로 이 책을 쓴다.

2019년 8월
이 책을 읽으시는 모든 독자분들에게
사랑과 웃음과 기쁨과 행복을 전하고 싶은
행복 대통령 서대반 장로 드림

CONTENTS

제2장 실패한 사람들의 특징

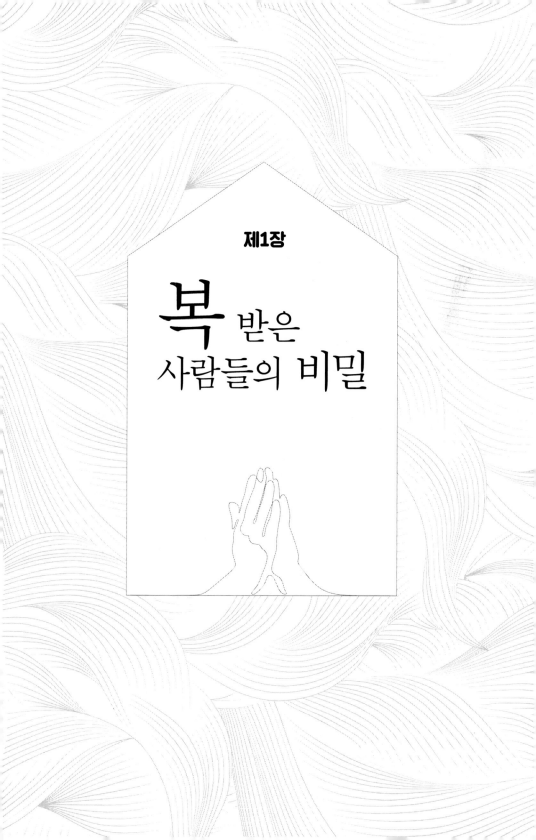

제1장

복 받은
사람들의 비밀

강태광 목사님은 《기독일보》에 기고하신 '성도가 행복해야 할 이유들'이라는 제하의 글에서 '성경은 행복학 교과서'라고 표현하셨다.

그렇다. '성경은 행복학 교과서'이다.

이제 벅찬 기대감을 가지고 우리와 같은 성정을 가지고도 하나님께서 주시는 큰 은혜와 복을 받아 이 땅에 사는 동안 하는 일마다 잘되는 큰 복을 받아 누리면서 당대는 물론 후세인 우리들에게까지 모범이 되고 있는 행복학 교과서인 성경에 등장하는 위대한 믿음의 선진들을 한 분 한 분 만나 보기로 하자.

1. 하나님과 동행하는 삶을 산 에녹

에녹은 65세에 므두셀라를 낳은 후 365세를 향수하면서 하나님과 동행하는 삶을 살면서 자녀를 낳았고, 하나님이 그를 데려가시므로 인해 죽음을 보지 않고 그의 육체가 세상에 있지 아니하는 복을 받았다[창 5:21~24].

2. 하나님의 말씀을 순종한 사람들

1) 노아

노아는 하나님께 은혜를 입은 의인이자 당세에 완전한 자라 불리며 하나님과 동행한 사람이었다. 노아가 살던 당시 사람의 죄악이 세상에 관영함과 그 마음의 생각의 모든 계획이 항상 악할 뿐임을 하나님께서 보시고 땅 위에 사람 지으셨음을 한탄하사 마음에 근심하시며 가라사대 나의 창조한 사람을 내가 지면에서 쓸어 버리되 사람으로부터 육축과 기는 것과 공중의 새까지 그리하리니 이는 내가 그것을 지었음을 한탄한다고 말씀하셨다. 이에 하나님이 노아에게 이르시되 모든 혈육 있는 자의 강포가 땅에 가득하므로 그 끝날이 내 앞에 이르렀으니 내가 그들을 땅과 함께 멸하리라. 너는 잣나무로 너를 위하여 3층짜리 방주를 지으라고 하시며 그 규격과 방법을 일일이 가르쳐 주시면서 내가 홍수를 땅에 일으켜 무릇 생명의 기식 있는 육체를 천하에서 멸절하리니 땅에 있는 자가 다 죽으리라. 그러나 너와는 내가 내 언약을 세우리니 너는 네 아들들과 네 아내와 네 자부들과 함께 그 방주로 들어가서 생명을 보존케 하라고 말씀하셨다.

이에 노아는 하나님께서 자신에게 가르쳐 주신 그대로 다 준행하여 방주를 만든 덕분에 결국 홍수 때에 자신과 자신의 가족들만 구원을 받으므로 홍수 후 새로운 인류의 조상이 되는 복을 받았다. 노아는 살면서 셈과 함과 야벳 세 아들을 낳았고, 950세를 향수하는 복을 받았다[창 5:32~9:29].

2) 아브라함

아브라함은 하나님께서 너는 너의 본토 친척 아비 집을 떠나 내가 네게 지시할 땅으로 가라. 내가 너로 큰 민족을 이루고 네게 복을 주어 네 이름을 창대케 하리니 너는 복의 근원이 될지라. 너를 축복하는 자에게는 내가 복을 내리고 너를 저주하는 자에게는 내가 저주하리니 땅의 모든 족속이 너를 인하여 복을 얻을 것이라고 말씀하시자 갈 바를 알지 못한 채 길을 나서는 순종하는 모습을 보여 후일 100세의 나이에 아들인 이삭을 얻었고, 부지중에 하나님을 접대하는 영광을 누리기도 하였으며 이삭을 제물로 바치라는 하나님의 명령에 순종하여 이삭을 바치므로 마침내 인류의 믿음의 조상이 되었고, 175세를 향수하는 복을 받았다[창 11:29~25:8].

3) 이삭

이삭은 흉년 때 하나님께서 애굽으로 내려가지 말고 내가 네게 지시하는 땅에 거하라. 이 땅에 유하면 내가 너와 함께 있어 네게 복을 주고 내가 이 모든 땅을 너와 네 자손에게 주리라. 내가 네 아비 아브라함에게 맹세한 것을 이루어 네 자손을 하늘의 별과 같이 번성케 하며 이 모든 땅을 네 자손에게 주리니 네 자손을 인하여 천하 만민이 복을 받으리라. 이는 아브라함이 내 말을 순종하고 내 명령과 내 계명과 내 율례와 내 법도를 지켰음이라고 말씀하셨다. 이에 이삭이 하나님의 말씀대로 순종하자 그 땅에서 농사하여 그 해에 백배나 얻었고 하나님께서 복을 주시므로 창대하고 왕성하여 마침내 거부가 되어 양과 소가 떼를 이루고 노복이 심히 많았고, 180세를 향수하는 복을 받았다[창 26:1~14, 35:28].

4) 모세

모세는 애굽에서 압제받던 이스라엘 민족 중 레위 족속의 아들로 태어났으나 애굽왕의 명령에 의해 남자아이를 키울 수 없었던 시대적인 아픔 때문에 상자에 숨겨 하숫가 갈대 사이에 두었다가 목욕하러 온 바로의 딸의 눈에 띄어 공주의 아들로 키워져 애굽의 왕자로 성장하였다. 모세가 장성한 후 애굽 사람을 쳐 죽인 일로 인해 바로의 낯을 피해 미디안 땅에 머물며 양치는 목동으로 살던 중 불붙은 떨기나무 가운데서 부르시는 하나님으로부터 압제받는 이스라엘 자손을 구원하는 인도자가 되라는 말씀에 순종하여 애굽으로 돌아가 10가지 재앙을 통해 이스라엘 민족을 바로로부터 구원하여 낸 후 광야를 건넜으나 젖과 꿀이 흐르는 가나안 땅을 눈앞에 두고 모압 땅에서 120세의 일기로 죽었지만 죽을 때까지 그 눈이 흐리지 아니하였고, 기력이 쇠하지 아니하였다.

하나님께서는 내 종 모세는 나의 온 집에 충성됨이라. 그와는 내가 대면하여 명백히 말하고 은밀한 말로 아니하며 그는 또 하나님의 형상을 본다고 하시며 친구이며 나의 온 집에 충성된다는 칭찬을 듣기도 한 사람으로 모세 사후로는 이스라엘에 모세와 같은 선지자가 일어나지 못하였나니 모세는 하나님께서 대면하여 아시던 자요, 하나님께서 그를 애굽 땅에 보내사 바로와 그 모든 신하와 그 온 땅에 모든 이적과 기사와 모든 큰 권능과 위엄을 행하게 하시매 온 이스라엘 목전에서 그것을 행한 자였으며 민족의 위대한 지도자가 되는 복을 받았다[출 2:2~신 34:12].

5) 여호수아

모세가 눈의 아들 여호수아에게 안수하였으므로 그에게 지혜의 신이 충만하니 이스라엘 자손이 하나님께서 모세에게 명하신 대로 여호수아의 말을 순종하였더라. 모세가 죽은 후에 하나님께서 모세의 시종이었던 눈의 아들 여호수아에게 일러 가라사대 내 종 모세가 죽었으니 이제 너는 이 모든 백성으로 더불어 일어나 이 요단을 건너 내가 그들 곧 이스라엘 자손에게 주는 땅으로 가라. 내가 모세에게 말한 바와 같이 무릇 너희 발바닥으로 밟는 곳을 내가 다 너희에게 주었노니 곧 광야와 이 레바논에서부터 큰 하수 유브라데에 이르는 헷 족속의 온 땅과 또 해 지는 편 대해까지 너희 지경이 되리라. 너의 평생에 너를 능히 당할 자 없으리니 내가 모세와 함께 있던 것같이 너와 함께 있을 것임이라. 내가 너를 떠나지 아니하며 버리지 아니하리니 마음을 강하게 하라. 담대히 하라. 너는 이 백성으로 내가 그 조상에게 맹세하여 주리라 한 땅을 얻게 하리라. 오직 너는 마음을 강하게 하고 극히 담대히 하여 나의 종 모세가 네게 명한 율법을 다 지켜 행하고 좌로나 우로나 치우치지 말라. 그리하면 어디로 가든지 형통하리니 이 율법책을 네 입에서 떠나지 말게 하며 주야로 그것을 묵상하여 그 가운데 기록한 대로 다 지켜 행하라. 그리하면 네 길이 평탄하게 될 것이라. 네가 형통하리라. 내가 네게 명한 것이 아니냐. 마음을 강하게 하고 담대히 하라. 두려워 말며 놀라지 말라. 네가 어디로 가든지 네 하나님이 너와 함께 하느니라고 말씀하셨다.

그 후 여호수아는 온갖 우여곡절을 겪으면서도 하나님의 말씀을 순종하여 마침내 젖과 꿀이 흐르는 가나안 땅을 정복하며 이스라엘 민족을 가나안 땅으로 인도하는 위대한 일을 완성한다. 여호수아는 오직 나와 내 집은 하나님을 섬기겠노라는 유언을 남기고 110세를 향수하고 위대한 생을 마감한다[신 34:9~수 24:29].

3. 지혜롭게 시아버지인 유다를 속이고 임신한 다말

유다의 며느리인 다말은 남편 둘이 연이어 죽는 비극을 맞았다. 하지만 시아버지인 유다는 막내아들인 셀라가 장성하였음에도 다말에게 남편으로 주지 아니하였다. 이에 다말은 시아버지가 양털을 깎으려고 딤나에 올라왔다 하는 소리를 듣고 과부의 의복을 벗고 면박으로 얼굴을 가리고 몸을 휩싸고 딤나 곁 에나임 문에 앉으니 이는 셀라가 장성함을 보았어도 다말을 그의 아내로 주지 않음을 인함이라. 그가 얼굴을 가리웠으므로 유다가 다말을 보고 창녀로 여겨 길 곁으로 나아가 가로되 청컨대 나로 네게 들어가게 하라 하니 그 자부인 줄 알지 못하였기 때문이었다. 이에 다말이 가로되 당신이 무엇을 주고 내게 들어오려느냐고 묻자 유다가 내가 내 떼에서 염소 새끼를 주겠다고 말하자 다말이 다시 당신이 그것을 줄 때까지 어떤 약조물을 주겠느냐고 되묻자 유다가 무슨 약조물을 네게 주랴고 다시 물었고, 그때 다말은 당신의 도장과 그 끈과 당신의 손에 있는 지팡이로 하라고 하자 마침내 유다가 그것들을 주고 다말에게로 들어갔더니 다말이 유다로 말미암아 잉태하였더라. 다말이 일어나 떠나가서 그 면박을 벗고 과부의 의복을 도로 입으니라.

그로부터 석 달 후 어떤 사람이 유다에게 고하여 가로되 네 며느리 다말이 행음하였고 그 행음함을 인하여 잉태하였다고 말하였다. 그러자 유다가 가로되 그를 끌어내어 불사르라고 말하자 다말이 끌려 나갈 때에 보내어 시부에게 이르되 이 물건 임자로 말미암아 잉태하였나이다 청컨대 보소서, 이 도장과 그 끈과 지팡이가 뉘 것이니이까 한지라. 이에 유다가 그것들을 알아보고 가로되 그는 나보다 옳도다. 내가 그를 내 아들 셀라에게 주지 아니하였음이로다 하고 다시는 그를 가까이하지 아니하였더라. 마침내 다말은 쌍둥이 형제인 베레스와 세라를 낳았고, 그 후손에서 예수가 탄생하셨고, 여자로서 성경에도 이름이 등장하는 복을 받았다[창 38:6~27].

4. 자신을 노예로 팔았던 형제들을 용서한 요셉

요셉은 그의 아버지 야곱이 노년에 얻은 아들이어서 아버지로부터 다른 아들들보다 더욱 사랑을 받아 채색 옷을 입고 자랐는데 요셉의 형제들이 아버지가 다른 형제들보다 요셉을 더 사랑함을 보고 그를 미워하여 평소에도 요셉에게 언사가 불평하였다. 이런 요셉이 17세 때 꿈을 꾼 후 형들과 아버지 야곱에게 고한 일로 형들에게 미움을 받아 애굽으로 팔려가 애굽 바로의 신하 시위대장 보디발의 집 노예로 고난의 세월을 시작하였으나 하나님께서 요셉과 함께하시므로 그가 형통한 자가 되어 그 주인 애굽 사람의 집이 형통하였다. 이에 요셉의 주인인 보디발이 하나님께서 요셉과 함께하심과 또 하나님께서 요셉의 범사에 형통케 하심을 보고 요셉이 그 주인에게 은혜를 입어 섬기매 그가 요셉으로 가정 총무를 삼았는데, 그때부터 하나님께서 요셉을 위하여 그 애굽 사람 보디발의 집에 복을 내리시므로 하나님의 복이 그의 집과 밭에 있는 모든 소유에 미쳤다.

그런데 어느 날 요셉은 간통하자고 유혹하는 보디발의 아내에게 단호하게 내가 어찌 이 큰 악을 행하여 하나님께 범죄하리이까라며 거절하자 누명을 쓰고, 억울한 옥살이까지 하는 등 우여곡절을 겪었으나 바로의 꿈을 해몽한 끝에 애굽의 총리 대신이 되었다. 그 후 극심한 기근 때문에 가족들의 먹을 식량을 구하기 위해 애굽으로 자신을 찾아온 형들을 맞게 된 요셉은 여러 가지 형태로 형들을 시험해 보았으나 과거 자신을 애굽으로 팔아넘기던 형들이 아님을 깨닫고 자신의 신분을 형들에게 밝힌 후 당신들이 나를 이곳에 팔았으므로 근심하지 마소서. 한탄하지 마소서. 하나님이 생명을 구원하시려고 나를 당신들 앞서 보내셨나이다라고 하면서 형들을 용서하고 위로하며 화해한 후 드디어 아버지인 야곱과 재회하고 야곱의 모든 자녀들이 애굽으로 이주해 고센 땅에 거하며 거기서 산업을 얻고 생육하며 번성하였다.

요셉은 아버지인 야곱으로부터 무성한 가지 곧 샘 곁의 무성한 가지라. 그 가지가 담을 넘었도다. 활 쏘는 자가 그를 학대하며 그를 쏘며 그를 군박하였으나 요셉의 활이 도리어 견강하며 그의 팔이 힘이 있으니 야곱의 전능자의 손을 힘입음이라. 그로부터 이스라엘의 반석인 목자가 나도다. 네 아비의 하나님께로 말미암나니 그가 너를 도우실 것이요, 전능자로 말미암나니 그가 네게 복을 주실 것이라. 위로 하늘의 복과 아래로 원천의 복과 젖먹이는 복과 태의

복이리로다. 네 아비의 축복이 내 부여조의 축복보다 나아서 영원한 산이 한없음같이 이 축복이 요셉의 머리로 돌아오며 그 형제 중 뛰어난 자의 정수리로 돌아오리라는 축복과 예언을 듣는다.

요셉은 그 아비의 가족과 함께 애굽에 거하다 110세에 죽으며 그 형제에게 나는 죽으나 하나님이 너희를 권고하시고 너희를 이 땅에서 인도하여 내사 아브라함과 이삭과 야곱에게 맹세하신 땅에 이르게 하시리라 하고 또 이스라엘 자손에게 맹세시켜 이르기를 하나님이 정녕 너희를 권고하시리니 너희는 여기서 내 해골을 메고 올라가는 유언을 남기고 위대하고 파란만장한 삶을 마감한다 [창 37:2~50:26].

5. 하나님께 제단을 쌓은 야곱

야곱은 팥죽 한 그릇으로 형인 에서의 장자 명분을 뺏고, 아버지 이삭으로부터 에서가 받을 장자 축복까지 빼앗은 후 형의 미움을 받아 외삼촌의 집으로 향하던 중 꿈에 하나님께서 나는 하나님이니 너의 조부 아브라함의 하나님이요, 이삭의 하나님이라. 너 누운 땅을 내가 너와 네 자손에게 주리니 네 자손이 땅의 티끌같이 되어서 동서남북에 편만할지며 땅의 모든 족속이 너와 네 자손을 인하여 복을 얻으리라. 내가 너와 함께 있어 네가 어디로 가든지 너를 지키며 너를 이끌어 이 땅으로 돌아오게 할지라. 내가 네게 허락한 것을 다 이루기까지 너를 떠나지 아니하리라는 축복의 말씀을 듣고 베개로 삼았던 돌을 가져 기둥으로 세우고 그 위에 기름을 붓고 그곳 이름을 벧엘이라고 명하였다.

그 후 야곱은 외삼촌인 라반의 집에 가서 우여곡절을 많이 겪지만 결국 하나님의 약속대로 거부가 되어 고향으로 금의환향하였을 뿐만 아니라 마침내 형인 에서와도 화해하였다. 야곱은 천사와 씨름하였으나 이겨 천사로부터 야곱이라는 이름 대신에 이스라엘이라는 이름을 부여받아 그의 이름이 이스라엘 국가의 명칭이 되었을 뿐만 아니라 그 자녀들 12명이 이스라엘 민족의 12지파의 유래가 되는 영광스러운 복된 삶을 살았다[창 25:29~49:33].

6. 믿음의 보고를 한 여호수아와 갈렙

애굽을 나와 광야 생활을 하던 여호수아와 갈렙은 모세의 명령에 의해 사십 일 동안 다른 10명의 정탐꾼들과 함께 젖과 꿀이 흐르는 가나안 땅을 정탐한 후 돌아와 다른 10명은 가나안 땅을 악평하여 온 백성에게 모세를 원망케 하였으나 그들과는 반대로 모세와 온 회중에게 백성을 안돈시켜 우리가 곧 올라가서 그 땅을 취하자. 능히 이기리라고 하고 우리가 두루 다니며 탐지한 땅은 심히 아름다운 땅이라. 하나님께서 우리를 기뻐하시면 우리를 그 땅으로 인도하여 들이시고 그 땅을 우리에게 주시리라. 이는 젖과 꿀이 흐르는 땅이니라. 오직 하나님을 거역하지 말라. 또 그 땅 백성을 두려워하지 말라. 그들은 우리 밥이라. 그들의 보호자는 그들에게서 떠났고 하나님은 우리와 함께하시니라. 그들을 두려워 말라는 믿음의 보고를 하여 훗날 그들의 믿음의 보고대로 광야에서 죽지 않고 젖과 꿀이 흐르는 가나안 땅에 들어가는 복을 받았다[민 13:6~14:38].

7. 놋뱀을 쳐다본 이스라엘 백성들

이스라엘 백성들이 출애굽을 한 후 호르산에서 진행하여 홍해길로 좇아 에돔 땅을 둘러 행하려 하였다가 길로 인하여 백성의 마음이 상하자 백성이 하나님과 모세를 향하여 원망하다 하나님께서 불뱀들을 백성 중에 보내어 백성을 물게 하셔서 이스라엘 백성 중에 죽은 자가 많았는데 그때 모세가 백성을 위하여 기도한 후 하나님께서 말씀하신 대로 모세가 놋뱀을 만들어 장대 위에 달았고, 불뱀에 물린 자들 중 놋뱀을 쳐다본 이스라엘 백성들은 모두 다 살게 되는 복을 받았다[민 21:4~9].

8. 하나님의 질투심으로 질투한 비느하스
(아론의 손자 엘르아살의 아들)

이스라엘 민족들이 싯딤에 머물 때에 그 백성들이 모압 여자들과 음행하다 하나님께 진노를 받아 염병으로 이스라엘 남자 4,000명이 죽었다. 그 즈음 이스라엘 자손 중 족장인 시므리가 모세와 온 회중의 목전에 미디안 여인 고스비를 데리고 자신의 장막으로 들어가는 것을 목격한 제사장 아론의 손자 엘르아살의 아들 비느하스가 회중 가운데서 일어나 손에 창을 들고 그 이스라엘 남자를 따라 그의 막에 들어가서 그 남자와 그 여인의 배를 꿰뚫어서 두 사람을 죽이자 염병이 그쳤다.

이에 하나님께서 모세에게 일러 비느하스가 나의 질투심으로 질투하여 이스라엘 자손 중에서 나의 노를 돌이켜서 나의 질투심으로 그들을 진멸하지 않게 하였도다. 그러므로 말하라. 내가 그에게 나의 평화의 언약을 주리니 그와 그 후손에게 영원한 제사장 직분을 주겠다는 언약의 복을 받았다[민 25:1~13].

9. 정탐꾼을 숨겨준 기생 라합

여리고에 거주하던 기생 라합은 여리고를 정탐하러 온 이스라엘 정탐꾼 두 사람을 자신의 집 지붕에 벌여놓은 삼대에 숨겨줌으로 인해 여리고 성이 무너질 때에 자신은 물론 자신의 부모와 그 형제와 그에게 속한 모든 것을 보존하였을 뿐만 아니라 살몬이라는 사람과 결혼하여 보아스를 낳아 그의 후손에서 다윗이 태어나고 다윗의 후손에서 예수가 태어나시는 복을 받았고, 여자로서 예수의 족보에 오르는 복을 받았다[수 2:1~6:25, 마 1:5~25].

10. 지혜로운 거짓말로 여호수아를 속이고 생명을 구한 기브온 거민

여호수아와 이스라엘 백성들이 난공불락이라고 여겼던 여리고 성과 아이성을 무너뜨리고 전쟁에서 승리하였다는 말을 전해 들은 기브온 거민들은 자신들도 그들처럼 죽을 것이 두려웠던 나머지 한 가지 꾀를 내어 사신의 모양을 꾸미고 해진 전대와 해지고 찢어져서 기운 가죽 포도주 부대를 나귀에 싣고 그 발에는 낡아 기운 신을 신고 낡은 옷을 입고 다 마르고 곰팡이 난 떡을 예비한 후 이스라엘 백성들이 머무르고 있던 길갈 진으로 와서 여호수아에게 이르렀다. 기브온 거민들은 여호수아와 이스라엘 사람들에게 이르되 우리는 원방에서 왔으니 이제 우리와 약조하자고 하였는데 이를 수상히 여긴 이스라엘 사람들이 기브온 사람에게 이르되 너희가 우리 중에 거하는 듯한데 우리가 어떻게 너희와 약조할 수 있겠느냐고 하자 그들은 여호수아에게 이르되 우리는 당신의 종이니이다 하고 약조하기를 간청하였다.

그러자 여호수아가 다시금 그들에게 너희는 누구며 어디서 왔느냐라고 묻자 그들이 여호수아에게 대답하되 종들은 당신의 하나님의 이름으로 인하여 심히 먼 지방에서 왔사오니 이는 우리가 그의 명성과 그가 애굽에서 행하신 모든 일을 들으며 또 그가 요단 동편에 있는 아모리 사람의 두 왕 곧 헤스본 왕 시혼과 아스다롯에 있는 바산 왕 옥에게 행하신 모든 일을 들었음이니 그러므로 우리 장로들과 우리나라의 모든 거민이 우리에게 일러 가로되 너희는 여행할 양식을 손에 가지고 가서 그들을 맞아서 그들에게 이르기를 우리는 당신들의 종이니 청컨대 우리와 약조하사이다 하라 하였나이다. 우리의 이 떡은 우리가 당신들에게로 오려고 떠나던 날에 우리들의 집에서 오히려 뜨거운 것을 약식으로 취하였더니 보소서. 이제 말랐고 곰팡이 났으며 또 우리가 포도주를 담은 이 가죽 부대도 새 것이더니 찢어지게 되었으며 우리의 이 옷과 신도 여행이 심히 길므로 인하여 낡아졌나이다라고 대답하였다.

이에 여호수아와 이스라엘 백성들이 그들의 양식을 취하고 어떻게 할 것을 하나님께 묻지 아니하고 여호수아가 곧 그들과 화친하여 그들을 살리리라는 언약을 맺고 회중 족장들이 그들에게 맹세하였더라. 여호수아와 이스라엘 무리가 그들과 언약을 맺은 후 삼 일이 지나서야 그들은 근린에 있어 자기들 중에 거주하는 자라 함을 들으니라. 이스라엘 자손이 진행하여 제 삼 일에 그들의 여러 성읍에 이르렀으니 그 성읍은 기브온과 그비라와 브에롯과 기럇여아림이라. 그러나 회중 족장들이 이스라엘 하나님으로 그들에게 맹세한 고로 이스라엘 자손이 그들을 치지 못하였다.

이스라엘 회중이 다 족장들을 원망하니 모든 족장이 온 회중에게 이르되 우리가 이스라엘 하나님으로 그들에게 맹세하였은즉 이제 그들을 건드리지 못하리라. 우리가 그들에게 맹세한 맹약을 인하여 진노가 우리에게 임할까 하노니 이렇게 행하여 그들을 살리리라 하고 무리에게 이르되 그들을 살리라 하니 족장들이 그들에게 이른 대로 그들이 온 회중을 위하여 나무 패며 물 긷는 자가 되었더라. 여호수아가 그들을 불러다가 일러 가로되 너희가 우리 가운데 거주하거늘 어찌하여 우리는 너희에게서 심히 멀다 하여 우리를 속였느냐. 그러므로 너희가 저주를 받나니 너희가 영영히 종이 되어서 다 내 하나님의 집을 위하여 나무 패며 물 긷는 자가 되리라고 말하였다.

그러나 그들이 여호수아에게 대답하여 가로되 당신의 하나님께서 그 종 모세에게 명하사 이 땅을 다 당신들에게 주고 이 땅 모든 거민을 당신들의 앞에서 멸하라 하신 것이 당신의 종에게 분명히 들리므로 당신들을 인하여 우리 생명을 잃을까 심히 두려워하여 이같이 하였나이다. 보소서. 이제 우리가 당신의 손에 있으니 당신의 의향에 좋고 옳은 대로 우리에게 행하소서 한지라. 여호수아가 곧 그대로 그들에게 행하여 그들을 이스라엘 자손의 손에서 건져서 죽이지 못하게 하였다. 그날에 여호수아가 그들로 하나님의 택하신 곳에서 회중을 위하며 하나님의 단을 위하여 나무 패며 물

긷는 자를 삼았다. 결국 기브온 거민은 지혜로운 거짓말로 여호수아를 속이긴 하였으나 그로 인해 모든 민족이 죽지 않고 생명을 보존하게 되는 복을 받았다[수 9:3~27].

11. 두 자부를 친딸 이상으로 돌봐주며 사랑한
시어머니 나오미

사사들의 치리하던 때에 이스라엘 땅에 흉년이 들었다. 이때 유다 베들레헴에 한 사람이 그 아내와 두 아들을 데리고 모압 지방에 가서 우거하였는데 그 사람의 이름은 엘리멜렉이요, 그 아내의 이름은 나오미요, 그 두 아들의 이름은 말론과 기룐이니 유다 베들레헴 에브랏 사람들이더라. 그들이 모압 지방에 들어가서 거기 유하더니 그곳에서 나오미의 남편 엘리멜렉이 죽고 나오미와 그 두 아들이 남았으며 그들은 모압 여자 중에서 아내를 취하였는데 하나의 이름은 오르바요, 하나의 이름은 룻이더라. 거기 거한 지 십 년 즈음에 말론과 기룐 두 사람이 다 죽고 그 여인 나오미는 두 아들과 남편의 뒤에 남게 되었다.

나오미가 모압 지방에 있어서 하나님께서 자기 백성을 권고하사 그들에게 양식을 주셨다 함을 들었으므로 이에 두 자부와 함께 일어나 모압 지방에서 돌아오려 하여 있던 곳을 떠나고 두 자부도 그와 함께하여 유다 땅으로 돌아오려고 길을 행하다가 나오미가 두 자부에게 이르되 너희는 각각 어미의 집으로 돌아가라. 너희가 죽은 자와 나를 선대한 것같이 하나님께서 너희를 선대하시기를 원하며 하나님께서 너희로 각각 남편의 집에서 평안함을 얻게 하시기를 원하노라 하고 그들에게 입 맞추매 그들이 소리를 높여 울다 큰 자부 오르바는 그 시모에게 입 맞춘 후 자기의 동족에게로 돌아갔으나 작은 자부 룻은 어머니께서 가시는 곳에 나도 가고 어머니께서 유숙하시는 곳에서 나도 유숙하겠나이다. 만일 내가 죽는 일 외에 어머니와 떠나면 하나님께서 내게 벌을 내리시고 더 내리시기를 원하나이다라며 자기의 동족에게로 결코 돌아가지 않겠다고 단호하게 대답하였다. 이에 나오미는 룻이 자기와 함께 가기로 굳게 결심함을 보고 그에게 말하기를 그쳤다.

그 후 나오미는 모압 지방에서 그 자부 모압 여인 룻과 함께 돌아와 베들레헴에서 자부 룻을 친딸 이상으로 사랑하여 부자인 보아스의 밭에 가서 보리이삭을 줍게 하고 혼자 살고 있던 보아스와 결혼할 수 있도록 여러 가지 형태로 도움을 주어 결국 룻과 보아스가 결혼하여 다윗의 아비인 이새를 낳게 하는 복을 받았다[룻 1:1~4:22].

12. 시어머니를 정성으로 섬긴 룻

작은 자부 룻이 시어머니인 나오미에게 가로되 나로 어머니를 떠나며 어머니를 따르지 말고 돌아가라 강권하지 마옵소서. 어머니께서 가시는 곳에 나도 가고 어머니께서 유숙하시는 곳에서 나도 유숙하겠나이다. 어머니의 백성이 나의 백성이 되고 어머니의 하나님이 나의 하나님이 되시리니 어머니께서 죽으시는 곳에서 나도 죽어 거기 장사될 것이라. 만일 내가 죽는 일 외에 어머니와 떠나면 하나님께서 내게 벌을 내리시고 더 내리시기를 원하나이다라며 자기의 동족에게로 결코 돌아가지 않겠다고 단호하게 대답하였다.

이에 나오미가 며느리인 룻이 자기와 함께 가기로 굳게 결심함을 보고 그에게 말하기를 그쳤다. 나오미가 모압 지방에서 그 자부 모압 여인 룻과 함께 돌아왔는데 그들이 보리 추수 시작할 때에 베들레헴에 이르렀을 때 룻은 시모인 나오미를 부양하기 위해 부자인 보아스의 밭에 가서 보리이삭을 줍는 일을 성실하게 행하였다. 이런 성실한 모습으로 시모를 공경하던 중 룻의 모습을 곁에서 좋게 지켜보던 보아스와 결혼하여 오벳이라는 아들을 낳았는데 그는 다윗의 아비인 이새의 아버지였다. 이처럼 룻은 비록 과부였지만 과부인 시모를 지극정성으로 모시어 결국 보아스의 아내가 되었고, 그 후손 중에서 예수가 태어나므로 예수의 조상이 되는 복

을 받았고, 여자로서 성경에 이름이 등재되는 영광도 얻었다[룻
1:16~4:22, 마 1:5~25].

13. 과부 룻을 아내로 맞이한 보아스

보아스가 먹고 마시고 마음이 즐거워서 가서 노적가리 곁에 눕
는지라. 룻이 가만히 가서 그 발치 이불을 들고 거기 누웠더라. 밤
중에 그 사람이 놀라 몸을 돌이켜본즉 한 여인이 자기 발치에 누
웠는지라. 가로되 네가 누구뇨. 룻이 대답하되 나는 당신의 시녀
룻이오니 당신의 옷자락으로 시녀를 덮으소서. 당신은 우리 기업
을 무를 자가 됨이니이다라고 말하였다.

그러자 보아스가 가로되 내 딸아 하나님께서 네게 복 주시기를
원하노라. 네가 빈부를 물론하고 연소한 자를 좇지 아니하였으니
너의 베푼 인애가 처음보다 나중이 더하도다. 내 딸아 두려워 말
라. 내가 네 말대로 네게 다 행하리라. 네가 현숙한 여자인 줄 나
의 성읍 백성이 다 아느니라. 참으로 나는 네 기업을 무를 자나 무
를 자가 나보다 더 가까운 친족이 있으니 이 밤에 여기서 머무르
라. 아침에 그가 기업 무를 자의 책임을 네게 이행하려 하면 좋으

니 그가 그 기업 무를 자의 책임을 행할 것이니라. 만일 그가 기업 무를 자의 책임을 네게 이행코자 아니하면 하나님의 사심으로 맹세하노니 내가 기업 무를 자의 책임을 네게 행하리라. 아침까지 누워 있으라고 말하였다.

아침이 되자 보아스가 성문에 올라가서 거기 앉았더니 마침 보아스의 말하던 기업 무를 자가 지나가는지라. 보아스가 그에게 이르되 아무여 이리로 와서 앉으라. 그가 와서 앉으매 보아스가 성읍 장로 십 인을 청하여 가로되 당신들은 여기 앉으라. 그들이 앉으매 보아스가 그 기업 무를 자에게 이르되 모압 지방에서 돌아온 나오미가 우리 형제 엘리멜렉의 소유지를 관할하므로 내가 여기 앉은 자들과 내 백성의 장로들 앞에서 그것을 사라고 네게 고하여 알게 하려 하였노라. 네가 무르려면 무르려니와 네가 무르지 아니하려거든 내게 고하여 알게 하라. 네 다음은 나요, 나 외에는 무를 자가 없느니라. 그가 가로되 내가 무르리라 대답하였다. 이에 보아스가 가로되 네가 나오미의 손에서 그 밭을 사는 날에 곧 죽은 자의 아내 모압 여인 룻에게서 사서 그 죽은 자의 기업을 그 이름으로 잇게 하여야 할지니라고 말하였다. 그러자 그 기업 무를 자가 가로되 나는 내 기업에 손해가 있을까 하여 나를 위하여 무르지 못하노니 나의 무를 권리를 네가 취하라. 나는 무르지 못하겠노라고 답변하였다.

이에 보아스가 장로들과 모든 백성에게 이르되 내가 엘리멜렉과 기론과 말론에게 있던 모든 것을 나오미의 손에서 산 일에 너희가 오늘날 증인이 되었고 또 말론의 아내 모압 여인 룻을 사서 나의 아내로 취하고 그 죽은 자의 기업을 그 이름으로 잇게 하여 그 이름이 그 형제 중과 그곳 성문에서 끊어지지 않게 함에 너희가 오늘날 증인이 되었느니라고 선언하였다. 이에 보아스가 룻을 취하여 아내를 삼고 그와 동침하였더니 하나님께서 그로 잉태케 하시므로 그가 아들인 오벳을 낳았고, 오벳은 이새를 낳았고, 이새는 다윗을 낳았더라[룻 3:7~4:22]. 이처럼 보아스는 부자였지만 시모를 지극정성으로 모시는 과부 룻을 아내로 맞아 예수의 조상이 되는 복을 받았다.

14. 눈물로 자식 얻기를 기도하여 사무엘을 얻은 한나

에브라임 산지 라마다임소빔에 에브라임 사람 엘가나라 하는 자가 있었으니 그는 여로함의 아들이요, 엘리후의 손자요, 도후의 증손이요, 숩의 현손이더라. 그에게는 두 아내가 있었으니 하나의 이름은 한나요, 하나의 이름은 브닌나라. 브닌나는 자식이 있고 한나는 무자하였더라. 한나가 무자하여 마음이 괴로워서 하나님께

기도하고 통곡하며 서원하여 가로되 만군의 하나님이여, 만일 주의 여종의 고통을 돌아보시고 나를 생각하시고 주의 여종을 잊지 아니하사 아들을 주시면 내가 그의 평생에 그를 하나님께 드리고 삭도를 그 머리에 대지 아니하겠나이다라고 하며 간절히 기도하였다. 그 후 한나는 하나님의 은혜로 잉태하게 되었고 때가 이르러 아들을 낳아 사무엘이라 이름하였으며 자신이 서원기도한 대로 사무엘을 하나님께 드려 사무엘로 하여금 평생 하나님의 성전에서 하나님을 섬기는 하나님의 사람으로 살게 하는 복을 받았다[삼상 1:1~2:11].

15. 하나님께서 함께하신 사무엘

사무엘이 자라매 하나님께서 그와 함께 계셔서 그 말로 하나도 땅에 떨어지지 않게 하시니 단에서부터 브엘세바까지의 온 이스라엘이 사무엘은 하나님의 선지자로 세우심을 입은 줄을 알았더라. 하나님께서 실로에서 다시 나타나시되 하나님께서 실로에서 하나님의 말씀으로 사무엘에게 자기를 나타내시니 사무엘의 말이 온 이스라엘에 전파되었고, 사무엘은 하나님의 명령에 의해 사울 왕에게 기름을 부어 이스라엘 초대 왕으로 세웠고, 다윗 왕에게도 기름을 부은 사람으로, 이스라엘 최후의 판관이자 사제이며, 예언자이자, 선지자로서 하나님의 성전에서 사제들을 도와 하나님께 헌신하였고, 이스라엘의 지도자가 되어 백성들의 존경을 한몸에 받으며 이웃 강국인 블레셋 사람들의 압박으로부터 이스라엘 민족을 구해 내는 등 일평생 동안 위대한 종교지도자의 일을 잘 감당하는 복을 받았다[삼상 3:19~4:1].

16. 불량한 남편의 잘못을 지혜롭게 해결한
나발의 아내 아비가일

마온에 한 사람이 있었는데 그 업이 갈멜에 있고 심히 부하여 양이 삼천이요, 염소가 일천이므로 그가 갈멜에서 그 양털을 깎고 있었으니 그 사람의 이름은 나발이요, 그 아내의 이름은 아비가일이라. 그 여자는 총명하고 용모가 아름다우나 남자는 완고하고 행사가 악하며 그는 갈멜 족속이었더라. 다윗이 광야에 있어서 나발이 자기 양털을 깎는다 함을 듣고 열 소년을 나발에게 보내 네 손에 있는 대로 네 종들과 네 아들 다윗에게 주기를 원하노라고 부탁을 하였으나 나발이 다윗의 사환들에게 대답하여 가로되 다윗은 누구며 이새의 아들은 누구뇨. 근일에 각기 주인에게서 억지로 떠나는 종이 많도다. 내가 어찌 내 떡과 물과 내 양털 깎는 자를 위하여 잡은 고기를 가져 어디로서인지 알지도 못하는 자들에게 주겠느냐 한지라. 이에 다윗의 소년들이 다윗에게 돌아와 나발의 말한 대로 고하자 다윗이 각기 사람들에게 이르되 너희는 각기 칼을 차라. 각기 칼을 차매 다윗도 자기 칼을 차고 나발을 죽이기 위해 사백 명가량을 데리고 나발에게로 출발하였다.

나발이 다윗의 소년들에게 행한 일을 소년으로부터 들은 나발의 아내 아비가일은 급히 떡과 포도주와 양과 볶은 곡식과 건포도와 무화과 등을 나귀에 싣고 나발을 죽이러 오던 다윗을 중도에서 만나 다윗에게 지혜로운 말과 행동을 통해 다윗의 마음을 풀어주어 다윗으로 하여 남편인 나발을 죽이지 못하도록 위기를 모면하였다. 그러나 하나님께서 나발을 치셔서 열흘 만에 죽게 되자 다윗이 사자를 보내 아비가일에게 아내를 삼고 싶다는 말을 전하자 결국 아비가일이 다윗의 사자들을 따라가서 다윗의 아내가 되는 복을 받았고, 후일 다윗이 왕이 되자 왕비 중 한 사람이 되었다[삼상 25:2~42].

17. 하나님의 궤가 석 달 동안 있었던 오벧에돔의 집

웃사가 하나님의 궤를 붙들다 죽었다는 소식을 듣게 된 왕 다윗은 그날에 하나님을 두려워하여 가로되 하나님의 궤가 어찌 내게로 오리요 하고 하나님의 궤를 옮겨 다윗 성 자기에게로 메어 가기를 즐겨하지 아니하고 치우쳐 가드 사람 오벧에돔의 집으로 메어 간지라. 이에 하나님의 궤가 가드 사람 오벧에돔의 집에 석 달을 있었는데 하나님께서 오벧에돔과 그 온 집에 복을 주시니라[삼하 5:10~12].

18. 하나님의 마음에 합한 다윗

다윗은 어릴 때부터 아버지 이새의 지시에 따라 양을 치는 목동의 역할을 충실히 이행하던 중 하나님의 지시를 받은 사무엘의 부름에 응하여 사무엘 앞에 섰을 때 그의 빛이 붉고 눈이 빼어나고 얼굴이 아름답더라. 하나님께서 가라사대 이가 그니 일어나 기름을 부으라고 말씀하시자 사무엘이 기름 뿔을 취하여 그 형제 중에서 그에게 부었더니 이날 이후로 다윗이 하나님의 신에게 크게 감동되었다.

그 후 블레셋 사람들이 그 군대를 모으고 싸우고자 하여 유다에 속한 소고에 모여 소고와 아세가 사이의 에베스담밈에 진치매 블레셋 사람의 진에서 싸움을 돋우는 자가 왔는데 그 이름은 골리앗이라. 골리앗이 점점 행하여 다윗에게로 나아오는데 방패 든 자가 앞섰더라. 골리앗이 둘러보다가 다윗을 보고 업신여기니 이는 그가 젊고 붉고 용모가 아름다움이라. 골리앗이 다윗에게 이르되 네가 나를 개로 여기고 막대기를 가지고 내게 나아왔느냐 하고 그 신들의 이름으로 다윗을 저주하고 또 이르되 내게로 오라. 내가 네 고기를 공중의 새들과 들짐승들에게 주리라.

다윗이 블레셋 사람에게 이르되 너는 칼과 창과 단창으로 내게 오거니와 나는 만군의 하나님의 이름 곧 네가 모욕하는 이스라엘 군대의 하나님의 이름으로 네게 가노라. 오늘 하나님께서 너를 내 손에 붙이시리니 내가 너를 쳐서 네 머리를 베고 블레셋 군대의 시체로 오늘날 공중의 새와 땅의 들짐승에게 주어 온 땅으로 이스라엘에 하나님이 계신 줄 알게 하겠고 또 하나님의 구원하심이 칼과 창에 있지 아니함을 이 무리로 알게 하리라. 전쟁은 하나님께 속한 것인즉 그가 너희를 우리 손에 붙이시리라. 골리앗이 일어나 다윗에게로 마주 가까이 올 때에 다윗이 골리앗에게로 마주 그 항오를 향하여 빨리 달리며 손을 주머니에 넣어 돌을 취하여 물매로 던져 골리앗의 이마를 치매 돌이 그 이마에 박히니 땅에 엎드러지니라.

다윗이 이같이 물매와 돌로 골리앗을 이기고 그를 쳐 죽였으나 자기 손에는 칼이 없었더라. 다윗이 달려가서 골리앗을 밟고 그의 칼을 그 집에서 빼어내어 그 칼로 그를 죽이고 그 머리를 베니 블레셋 사람들이 자기 용사의 죽음을 보고 도망하는지라. 이스라엘과 유다 사람들이 일어나서 소리 지르며 블레셋 사람을 쫓아 가이와 에그론 성문까지 이르렀고 블레셋 사람의 상한 자들은 사아라임 가는 길에서부터 가드와 에그론까지 엎드러졌더라[삼 17:1~52].

다윗은 골리앗을 물리친 후 하루아침에 사울왕의 사위가 되었으나 그 일 후로 오랜 기간 동안 사울의 시기를 받아 죽을 고비를 수도 없이 넘겼고, 사울을 직접 죽일 기회도 여러 번 있었으나 하나님의 기름 부으심을 받은 자를 결단코 해치지 않겠다는 신념으로 결코 사울을 죽이지 않았다.

자신을 죽이려는 사울의 끈질긴 추적을 피한 다윗은 우여곡절 끝에 사울의 사후에 마침내 왕이 되었으나 우리아의 아내 밧새바를 취하는 것도 모자라 자신의 범죄를 은닉하기 위해 밧새바의 남편인 우리아까지 고의로 죽이게 만드는 천인공노할 범죄를 저지르기도 하였다. 그러나 선지자 나단의 책망을 듣고는 눈물의 회개를 한 사건으로 유명하다.

그 후로는 하나님으로부터 마음에 합한 자라는 말씀을 듣게 된
다윗은 이스라엘 역사에 빛나는 위대한 왕으로 헤브론에서 칠 년
을 치리하였고 예루살렘에서 삼십삼 년을 치리하였는데 이스라엘
왕이 된 지 사십 년 만에 죽어 다윗 성에 장사되었고 지금까지도
이스라엘 역사상 가장 위대한 왕으로 추앙받는 복을 받았다[삼상
16:12~왕상 2:11].

19. 일천번제를 드린 솔로몬

솔로몬이 왕이 된 후로 일천번제를 드렸더니 기브온에서 밤에 하
나님께서 솔로몬의 꿈에 나타나셔서 무엇을 줄꼬, 너는 구하라고
하시자 솔로몬은 주의 백성을 재판하여 선악을 분별하게 해 달라
는 소원을 구하매 그 말씀이 하나님의 마음에 맞은지라. 이에 하
나님이 자기를 위하여 오래 살기를 구하지 아니하고 부도 구하지
아니하며 자기 원수의 생명 멸하기도 구하지 아니하고 오직 송사
를 듣고 분별하는 지혜를 구하였은즉 네게 지혜롭고 총명한 마음
을 주노니 너의 전에도 너와 같은 자가 없었거니와 너의 후에도 너
와 같은 자가 일어남이 없으리라. 또 너의 구하지 아니한 부와 영
광도 네게 주노니 네 평생에 열왕 중에 너와 같은 자가 없을 것이

라. 네가 만일 네 아비 다윗의 행함같이 내 길로 행하며 내 법도와 명령을 지키면 내가 또 네 날을 길게 하리라고 말씀하셨다.

솔로몬은 창기 두 계집이 한 아들을 두고 서로 자기 아들이라고 주장하자 칼로 아들을 둘로 나눠 반반씩 나눠 주라는 지혜로운 판결을 하여 마침내 아들의 친모를 가려내는 데 성공하였고 그 지혜의 소문을 들은 천하 모든 왕들이 솔로몬의 지혜를 들으러 오기도 하였고, 솔로몬 성전을 건축하여 하나님께 영광을 돌렸다.

솔로몬은 예루살렘에서 사십 년 동안 왕이 되어 이스라엘을 다스렸다. 솔로몬 왕은 생전에 지혜로운 왕으로 살면서 인간으로서 누릴 수 있는 모든 부귀영화를 누리다가 그 부친 다윗의 성에 장사되는 복을 받았다[왕상 1:46~11:43].

20. 최후의 음식을 엘리야에게 대접한 사르밧 과부

엘리야가 일어나 사르밧으로 가서 성문에 이를 때에 한 과부가 그곳에서 나무 가지를 줍는지라. 이에 불러 가로되 청컨대 그릇에 물을 조금 가져다가 나로 마시게 하라고 하여 저가 가지러 갈 때에 엘리야가 저를 불러 가로되 청컨대 네 손에 떡 한 조각을 내게로 가져오라. 저가 가로되 당신의 하나님의 사심을 가리켜 맹세하노니 나는 떡이 없고 다만 통에 가루 한 움큼과 병에 기름 조금뿐이라 내가 나뭇가지 두엇을 주워다가 나와 내 아들을 위하여 음식을 만들어 먹고 그 후에는 죽으리라고 대답하였다.

그러자 엘리야가 저에게 이르되 두려워 말고 가서 네 말대로 하려니와 먼저 그것으로 나를 위하여 작은 떡 하나를 만들어 내게로 가져오고 그 후에 너와 네 아들을 위하여 만들라. 이스라엘 하나님의 말씀이 나 하나님이 비를 지면에 내리는 날까지 그 통의 가루는 다하지 아니하고 그 병의 기름은 없어지지 아니하리라 하셨느니라. 저가 가서 엘리야의 말대로 하였더니 저와 엘리야와 식구가 여러 날 먹었으나 하나님께서 엘리야로 하신 말씀같이 통의 가루가 다하지 아니하고 병의 기름이 없어지지 아니하는 복을 받았다[왕상 17:8~16].

21. 엘리야에게 죽은 아들을 맡긴 주모

사르밧 과부 사건 후에 그 집 주모 되는 여인의 아들이 병들어 중세가 심히 위중하다가 숨이 끊어진지라. 여인이 엘리야에게 이르되 하나님의 사람이여 당신이 나로 더불어 무슨 상관이 있기로 내 죄를 생각나게 하고 또 내 아들을 죽게 하려고 내게 오셨나이까 하였다. 이에 엘리야가 저에게 그 아들을 달라 하여 그를 그 여인의 품에서 취하여 안고 자기의 거처하는 다락에 올라가서 자기 침상에 누이고 하나님께 부르짖어 가로되 나의 하나님이여 주께서 또 내가 우거하는 집 과부에게 재앙을 내리사 그 아들로 죽게 하셨나이까 하고 그 아이 위에 몸을 세 번 펴서 엎드리고 하나님께 부르짖어 가로되 나의 하나님이여 원컨대 이 아이의 혼으로 그 몸에 돌아오게 하옵소서라고 기도하자 하나님께서 엘리야의 소리를 들으시므로 그 아이의 혼이 다시 그 아이의 몸으로 돌아오고 살아난지라.

엘리야가 그 아이를 안고 다락에서 방으로 내려가서 그 어미에게 주며 이르되 보라, 네 아들이 살았느니라 하였다. 그러자 여인이 엘리야에게 이르되 내가 이제야 당신은 하나님의 사람이시오. 당신의 입에 있는 하나님의 말씀이 진실한 줄 아노라 하였다. 이로써 주모는 죽은 아들이 살아나는 기적을 직접 체험하는 복을 받았다[왕상 17:17~24].

22. 죽음을 보지 않고 승천한 엘리야

길르앗에 우거하는 중에 디셉 사람 엘리야가 아합 왕에게 내 말
이 없으면 수년 동안 우로가 있지 아니하리라고 하자 수년간 비가
내리지 아니하였고, 다시 기도함에 비가 내렸던 사건을 비롯해 사
르밧 과부, 병들어 죽은 주모의 아들을 살려주는 기적, 갈멜산에서
바알선지자 사백오십 인과 아세라 선지자 사백 인과 대적하여 이겨
모두 죽인 사건 등을 비롯해 수많은 이적과 기사를 행하였다.

엘리야는 생의 마지막 때에도 하나님께서 회리바람으로 엘리야
를 하늘에 올리고자 하실 때에 엘리야가 엘리사로 더불어 요단가
에 섰더니 엘리야가 겉옷을 취하여 말아 물을 치매 물이 이리저리
갈라지고 두 사람이 육지 위로 건너더라. 건너매 엘리야가 엘리사
에게 이르되 나를 네게서 취하시기 전에 내가 네게 어떻게 할 것을
구하라. 엘리사가 가로되 당신의 영감이 갑절이나 내게 있기를 구
하나이다고 대답하였다. 이에 엘리야가 가로되 네가 어려운 일을
구하는도다. 그러나 나를 네게서 취하시는 것을 네가 보면 그 일이

네게 이루려니와 그렇지 않으면 이루지 아니하리라 하고 두 사람이 행하며 말하더니 홀연히 불 수레와 불 말들이 두 사람을 격하고 엘리야가 회리바람을 타고 하늘로 올라가 죽음을 보지 않고 승천하는 복을 받았다[왕상 17:1~왕하 2:11].

23. 많은 이적과 기사를 행한 하나님의 사람 엘리사

엘리야가 사밧의 아들 엘리사를 만나니 엘리사는 열두 겨리 소를 앞세우고 밭을 가는데 엘리사는 열둘째 겨리와 함께 있더라. 엘리야가 그리로 건너가서 겉옷을 엘리사 위에 던졌더니 엘리사가 소를 버리고 엘리야에게로 달려가서 이르되 청컨대 나로 내 부모와 입 맞추게 하소서. 그리한 후에 내가 당신을 따르리라고 대답하자 엘리야가 돌아가라. 내가 네게 어떻게 행하였느냐 하니라. 이에 엘리사가 엘리야를 떠나 돌아가서 소 한 겨리를 취하여 잡고 소의 기구를 불살라 그 고기를 삶아 백성에게 주어서 먹게 하고 일어나 가서 엘리야를 좇으며 수종 들었더라.

엘리사는 스승인 엘리야가 회리바람을 타고 승천하는 현장을 목격하고 엘리사가 소리 지르되 내 아버지여 내 아버지여 이스라엘의 병거와 그 마병이여 하더니 다시 보이지 아니하는지라. 이에 엘리사가 자기의 옷을 잡아 둘로 찢고 엘리야의 몸에서 떨어진 겉옷을 주워가지고 돌아와서 요단 언덕에 서서 엘리야의 몸에서 떨어진 그 겉옷을 가지고 물을 치며 가로되 엘리야의 하나님 여호와는 어디 계시니이까 하고 저도 물을 치매 물이 이리저리 갈라져서 엘리사가 건너는 기적을 행하였다.

엘리사는 위와 같은 기적을 행한 것을 비롯하여, 과부의 집에 가서 과부가 빌린 그릇에 기름을 가득 채우고, 수넴 여인의 죽은 아들을 살리고, 선지 생도들을 위해 독을 제하는 이적을 행하고, 나아만의 문둥병을 고쳤으며, 물에 빠진 도끼를 떠오르게 하였고, 아람군대의 눈을 멀게 하여 돌려보내기도 하였으며, 아람 왕 벤하닷의 군대를 물리쳤고, 수넴 여인의 땅을 돌려받게 하였으며, 심지어 자신이 죽은 후에도 자신의 뼈가 닿은 시체가 회생하여 일어나는 기적도 나타나게 하는 복을 받았다[왕상 19:19~왕하 13:21].

24. 엘리사에게 부르짖은 선지자의 생도의 아내 과부

선지자의 생도의 아내 중에 한 여인이 엘리사에게 부르짖어 가로되 당신의 종 나의 남편이 이미 죽었는데 당신의 종이 하나님을 경외한 줄은 당신이 아시는 바니이다. 이제 채주가 이르러 나의 두 아이를 취하여 그 종을 삼고자 한다는 하소연을 하였다. 그러자 엘리사가 과부에게 이르되 내가 너를 위하여 어떻게 하랴. 네 집에 무엇이 있는지 내게 고하라고 말했다. 그러자 과부가 가로되 계집종의 집에 한 병 기름 외에는 아무것도 없다고 대답하였다.

그러자 엘리사는 과부에게 가로되 너는 밖에 나가서 모든 이웃에게 그릇을 빌라. 빈 그릇을 빌되 조금 빌지 말고 너는 네 두 아들과 함께 들어가서 문을 닫고 그 모든 그릇에 기름을 부어서 차는 대로 옮겨 놓으라고 지시하였다. 그 과부는 물러가서 엘리사의 지시를 따라 그대로 행한 후 그 두 아들과 함께 문을 닫은 후에 아들들은 그릇을 과부에게로 가져오고 과부는 그 그릇에 기름을 부었더니 그릇에 다 찬지라. 이에 과부가 아들에게 이르되 또 그릇을 내게로 가져오라고 하자 아들이 가로되 다른 그릇이 없다고 대답하자 기름이 곧 그쳤더라.

그 과부가 하나님의 사람인 엘리사에게 나아가서 고한대 엘리사가 가로되 너는 가서 기름을 팔아 빚을 갚고 남은 것으로 너와 네 두 아들이 생활하라 하였고, 그 과부는 엘리사의 말을 순종함으로 말미암아 엘리사의 말대로 기름을 팔아 빚을 갚고 남은 돈으로 아들 둘과 함께 풍족하게 살아갈 수 있는 복을 받았다[왕하 4:1~7].

25. 엘리사를 초대하여 융숭히 접대한 수넴 여인

하루는 엘리사가 수넴에 이르렀더니 거기 한 귀한 여인이 저를 간권하여 음식을 먹게 한 고로 엘리사가 그곳을 지날 때마다 음식을 먹으러 그리로 들어갔더라. 여인이 그 남편에게 이르되 항상 우리에게로 지나는 이 사람은 하나님의 거룩한 사람인 줄을 내가 아노니 우리가 저를 위하여 작은 방을 담 위에 짓고 침상과 책상과 의자와 촛대를 진설합시다. 저가 우리에게 이르면 거기 유하리이다 하였더라. 그 말을 들은 엘리사가 그 여인에게 가로되 돌이 되면 네가 아들을 안으리라고 예언하자 여인이 가로되 아니로소이다. 내 주 하나님의 사람이여 당신의 계집종을 속이지 마옵소서라고 하였다. 그런데 엘리사의 말대로 여인이 잉태하였고, 돌이 돌아오매 엘리사의 말한 대로 아들을 낳았으나 몇 년 후 아들이 죽게 되었다. 그러자 여인은 자신의 죽은 아들을 엘리사의 침상에 눕혀두었다.

그 후 엘리사가 집에 들어갔을 때 아이가 죽어 자기의 침상에 누위 있는 것을 보고는 들어가서 문을 닫으니 두 사람뿐이었더라. 이에 엘리사가 하나님께 기도하고 아이의 위에 올라 엎드려 자기 입을 그 입에, 자기 눈을 그 눈에, 자기 손을 그 손에 대고 그 몸에 엎드리니 아이의 살이 차차 따뜻해지더라. 엘리사가 아이 몸에서 내려와서 집 안에서 한 번 이리저리 다니고 다시 아이 위에 올라 엎드리니 아이가 일곱 번 재채기하고 눈을 뜨는지라. 엘리사가 그의 몸종 게하시를 불러서 저 수넴 여인을 불러오라 하니 곧 부르매 여인이 들어가니 엘리사가 가로되 네 아들을 취하라. 여인이 들어가서 엘리사의 발 앞에서 땅에 엎드려 절하고 아들을 안고 나가니라. 이처럼 수넴 여인은 엘리사를 초대하여 융숭히 접대함으로 말미암아 없던 아들도 잉태하여 출산하였고, 죽었던 아들도 다시 살리는 기적을 직접 체험하는 복을 누리며 살았다[왕하 4:8~37].

26. 엘리야의 지시를 이행한 나아만 장군

아람 왕의 군대 장관 나아만은 그 주인인 아람 왕 앞에서 크고 존귀한 자니 이는 하나님께서 전에 저로 아람을 구원하게 하셨음이라. 저는 큰 용사나 한센병자더라. 전에 아람 사람이 떼를 지어 나가서 이스라엘 땅에서 작은 계집아이 하나를 사로잡으매 저가 나아만의 아내에게 수종들더니 그 주모에게 이르되 우리 주인이 사마리아에 계신 선지자 앞에 가시면 그 선지자가 주인인 나아만 장관의 한센병을 고쳐 주실 것이라고 말하였다. 그러자 나아만이 아람 왕에게 들어가서 왕에게 고하여 가로되 이스라엘 땅에서 온 계집아이의 말이 사마리아에 있는 선지자에게 가면 한센병을 고칠 수 있다고 하니 저로 이스라엘 땅에 가도록 허락해 달라고 부탁하였다. 이에 아람 왕이 가로되 가라고 하면서 이스라엘 왕에게 보내는 글을 적어 나아만에게 주면서 그를 이스라엘로 가게 허락하였다. 아람 왕의 허락을 받고 나아만이 곧 떠날 새 은 십 달란트와 금 육천 개와 의복 열 벌을 가지고 가서 이스라엘 왕에게 그 글을 전하니 일렀으니 내가 내 신하 나아만을 당신에게 보내오니 이 글이 당신에게 이르거든 당신은 그의 한센병을 고쳐 주소서 하자 아람 왕의 편지를 받은 이스라엘 왕은 갑자기 놀라서 자기 옷을 찢었더라.

하나님의 사람 엘리사가 이스라엘 왕이 자기 옷을 찢었다 함을 듣고 자기의 몸종 게하시를 왕에게 보내어 가로되 왕이 어찌하여 옷을 찢었나이까. 그 사람을 내게로 오게 하소서. 저가 이스라엘 중에 선지자가 있는 줄을 알리라고 하였다. 이에 나아만이 말들과 병거들을 거느리고 이르러 엘리사의 집 문에 서니 엘리사가 사자를 나아만에게 보내어 가로되 너는 가서 요단강에 몸을 일곱 번 씻으라. 네 살이 여전하여 깨끗하리라고 하였다. 그러자 나아만이 노하여 물러가며 가로되 내 생각에는 엘리사가 내게로 나아와 서서 그 하나님의 이름을 부르고 당처 위에 손을 흔들어 한센병을 고칠까 하였는데 다메섹 강 아마나와 바르발은 이스라엘 모든 강물보다 낫지 아니하냐. 내가 거기서 몸을 씻으면 깨끗하게 되지 아니하랴 하고 몸을 돌이켜 분한 모양으로 떠났다.

그러나 그 종들이 나아만에게 나아와서 말하여 가로되 내 아버지여, 선지자가 당신을 명하여 더 큰일을 행하라고 하였더라면 행치 아니하였으리까. 하물며 당신에게 이르기를 씻어 깨끗하게 하라고 하였는데 그 말을 이행하지 못하겠나이까 하면서 엘리사의 지시를 따르라고 진심으로 충언을 하자 나아만이 분노를 삭이며 엘리사의 지시대로 행하기로 마음먹고 요단에 이르렀다.

나아만이 이에 요단강에 내려가서 하나님의 사람 엘리사의 말씀대로 요단강에 일곱 번 몸을 잠그니 그 살이 여전하여 어린아이의 살 같아서 깨끗하게 되었다. 이처럼 나아만 장관은 비록 자신의 기분에는 맞지 않아 노하여 고국으로 돌아가려 하였지만 종들의 간권하는 말을 듣고 순종함으로 인해 하나님의 사람 엘리사가 지시한 것을 이행함으로 인해 불치병 한센병을 고침 받는 복을 받았다 [왕하 5:1~14].

27. 물에 빠진 도끼 자루를 위해 엘리사에게 간구한 한 사람

엘리사의 무리가 요단에 이르러 나무를 베더니 한 사람이 나무를 벨 때에 도끼가 자루에서 빠져 물에 떨어진지라. 이에 외쳐 가로되 아아, 내 주 엘리사여 이 도끼는 빌려 온 것이라며 엘리사에게 도움을 청하였다. 그러자 하나님의 사람인 엘리사가 도끼를 잃어버린 사람에게 가로되 어디 빠졌느냐 하매 그곳을 가리켰다. 이에 엘리사가 나뭇가지를 베어 물에 던져서 도끼로 떠오르게 하고 가로되 너는 취하라고 하자 도끼를 잃어버린 사람이 손을 내밀어 취하여 도끼를 도로 찾는 복을 받았다[왕하 6:4~7]

28. 기쁜 소식을 전한 네 한센병자

성문 어귀에 한센병자 네 사람이 있더니 서로 말하되 우리가 어찌하여 여기 앉아서 죽기를 기다리랴. 우리가 성에 들어가자고 할지라도 성중은 주리니 우리가 거기서 죽을 것이요, 여기 앉아 있어도 죽을지라. 그런즉 우리가 가서 아람 군대에게 항복하자. 저희가 우리를 살려두면 살려니와 우리를 죽이면 죽을 따름이라 하고 죽으면 죽으리라는 마음으로 아람 진으로 가려 하여 황혼에 일어나서 아람 진가에 이르렀다.

그런데 한센병자 네 명이 도착한 아람 진에는 아람 군인들이 한 사람도 없으니 이는 하나님께서 이미 아람 군대로 병거 소리와 말 소리와 큰 군대의 소리를 듣게 하셨으므로 아람 군인들이 서로 말하기를 이스라엘 왕이 우리를 치려 하여 헷 사람의 왕들과 애굽 왕들에게 값을 주고 저희로 우리에게 오게 하였다 하고 황혼에 일어나서 도망하되 그 장막과 말과 나귀를 다 버리고 진을 그대로 둔 채 목숨을 보존하기 위하여 도망하였기 때문이었다.

그 한센병자들이 아람 군대 진가에 이르러 한 장막에 들어가서 먹고 마시고 거기서 은과 금과 의복을 가지고 가서 감추고 다시 와서 다른 장막에 들어가서 거기서도 가지고 가서 감추니라.

그러다 한센병자들이 서로 말하되 우리의 소위가 선치 못하도다. 오늘날은 아름다운 소식이 있는 날이거늘 우리가 잠잠하고 있도다. 만일 밝은 아침까지 기다리면 벌이 우리에게 미칠지니 이제 떠나 왕궁에 가서 고하자 하고 돌이켜 자신들이 살았던 성 가까이에 가서 성 문지기를 불러 고하여 가로되 우리가 아람 진에 이르러 보니 거기 한 사람도 없고 사람의 소리도 없고 오직 말과 나귀만 매여 있고 장막들이 그대로 있더라고 아람 군대 진에 대해 설명을 해 주었다.

한센병자들이 성 문지기들에게 아람 군대 진에 대해 설명을 해 주자 성 문지기들은 다시 왕궁에 있는 자에게 고하니 왕이 밤에 일어나 그 신복들에게 이르되 아람 사람이 우리에게 행한 것을 내가 너희에게 알게 하노니 저희가 우리의 주린 것을 아는 고로 그 진을 떠나서 들에 매복하고 스스로 이르기를 저희들이 성에서 나오거든 우리가 사로잡고 성에 들어가겠다 한 것이니라. 그 신복 중 하나가 대답하여 가로되 청컨대 성중에 남아 있는 말 다섯 필을 취하고 사람을 보내어 정탐하게 하소서. 이 말들이 성중에 남아 있는 이스라엘 온 무리 곧 멸망한 이스라엘 온 무리와 같으니이다 하고 저희가 병거 둘과 그 말을 취한지라.

왕이 아람 군대 뒤로 보내며 가서 정탐하라 하였더니 저희가 그 뒤를 따라 요단에 이른즉 아람 사람이 급히 도망하느라고 버린 의복과 군물이 길에 가득하였더라. 사자가 돌아와서 왕에게 고하매 백성들이 나가서 아람 사람의 진을 노략하고 전쟁에서 승리하였다 [왕하 7:3~16]. 이처럼 한센병자 네 명은 자신들만 배불리 먹는 것에 그치지 않고 기쁜 소식을 동족에게 전하여 주므로 인해 자신들은 물론 자신들의 동족까지 살리는 귀한 복을 받았다.

29. 하나님께 정직히 행하고 기도하여
수명을 15년이나 연장한 히스기야 왕

이스라엘 왕 엘라의 아들 호세아 삼 년에 유다 왕 아하스의 아들 히스기야가 왕이 되니 위에 나아갈 때에 나이 이십오 세라. 히스기야 왕이 예루살렘에서 이십구 년을 치리하나라. 그 모친의 이름은 아비라 스가리야의 딸이더라. 히스기야가 그 조상 다윗의 모든 행위와 같이 하나님 보시기에 정직히 행하여 여러 산당을 제하며 주상을 깨뜨리며 아세라 목상을 찍으며 모세가 만들었던 놋뱀을 이스라엘 자손이 이때까지 향하여 분향하므로 그것을 부수고 느후스단이라 일컬었더라.

히스기야가 이스라엘 하나님을 의지하였는데 그의 전후 유다 여러 왕 중에 그러한 자가 없었으니 하나님께 연합하여 떠나지 아니하고 하나님께서 모세에게 명하신 계명을 지켰더라. 하나님께서 저와 함께하시매 저가 어디로 가든지 형통하였더라.

그런데 후일 히스기야가 병들어 죽게 되매 아모스의 아들 선지자 이사야가 저에게 나아와서 이르되 하나님의 말씀이 너는 집을 처치하라. 네가 죽고 살지 못하리라 하셨다고 예언을 하였다. 그러자 히스기야는 자신이 죽는다는 이사야 선지자의 예언을 듣자마자 낯을 벽으로 향하고 하나님께 기도하여 가로되 하나님이여 구하오니 내가 진실과 전심으로 주 앞에 행하며 주의 보시기에 선하게 행한 것을 기억하옵소서 하며 심히 통곡하였다.

이에 이사야가 성읍 가운데까지도 이르기 전에 하나님의 말씀이 이사야에게 임하여 가라사대 너는 돌아가서 내 백성의 주권자 히스기야에게 이르기를 왕의 조상 다윗의 하나님의 말씀이 내가 네 기도를 들었고 네 눈물을 보았노라. 내가 너를 낫게 하리니 네가 삼 일 만에 하나님의 전에 올라가겠고 내가 네 날을 십오 년을 더할 것이며 내가 너와 이 성을 앗수르 왕의 손에서 구원하고 내가 나를 위하고 또 내 종 다윗을 위하므로 이 성을 보호하리라 하셨다 하라 하셨더라.

그 후 이사야가 히스기야 왕에게 돌아가 이르러 가로되 무화과 반죽을 가져오라 하였고, 무리가 무화과 반죽을 가져오자 그것을 히스기야의 종처에 놓으니 나으니라. 이에 히스기야가 이사야에게 이르되 하나님께서 나를 낫게 하시고 삼 일 만에 하나님의 전에 올라가게 하실 무슨 징조가 있는지 물었다.

그러자 이사야가 가로되 하나님의 하신 말씀을 응하게 하실 일에 대하여 하나님께서 왕에게 한 징조를 보여 주실 것인데 해 그림자가 십도를 나아가게 하기를 원하는지 묻자 히스기야가 대답하되 그림자가 십도를 나아가기는 쉬우니 그리할 것이 아니라 십도가 물러가게 해 달라고 요청하였다. 이에 선지자 이사야가 하나님께 간구하매 아하스의 일영표 위에 나아갔던 해 그림자로 십도를 물러가게 하시는 기적을 보여 주셨고 그 후 히스기야는 선지자 이사야의 예언대로 15년을 더 사는 복을 받았다[왕하 18:1~21:21].

30. 죽으면 죽으리라는 일사각오로 자기 민족을 살린
에스더 왕비

아하수에로 왕이 모든 여자보다 에스더를 더욱 사랑하므로 에스더가 모든 처녀보다 왕의 앞에 더욱 은총을 얻은지라. 왕이 에스더의 머리에 면류관을 씌우고 와스디를 대신하여 왕후를 삼은 후에 왕이 크게 잔치를 베푸니 이는 에스더를 위한 잔치였더라. 모든 방백과 신복을 향응하고 또 각 도의 세금을 면제하고 왕의 풍부함을 따라 크게 상을 주니라.

그 후 하만이 모르드개가 자신에게 꿇지도 아니하고 절하지도 아니함을 보고 심히 노하여 저희가 모르드개의 민족을 하만에게 고하였더라. 하만이 모르드개만 죽이는 것이 가볍다 생각하고 아하수에로의 온 나라에 있는 유다인 곧 모르드개의 민족을 다 멸하고자 생각하더라.

그리하여 하만이 아하수에로 왕에게 아뢰되 한 민족이 왕의 나라 각 도 백성 중에 흩어져 거하는데 그 법률이 만민보다 달라서 왕의 법률을 지키지 아니하오니 용납하는 것이 왕에게 무익하니 왕이 옳게 여기시거든 조서를 내려 저희를 진멸하소서. 내가 은 일만 달란트를 왕의 일을 맡은 자의 손에 부쳐 왕의 부고에 드리겠다고 건의하였다. 그러자 아하수에로 왕이 반지를 손에서 빼어 유다인의 대적 곧 아각 사람 함므다다의 아들 하만에게 주며 이르되 그 은을 네게 주고 그 백성도 그리하노니 너는 소견에 좋을 대로 행하라고 허락하였더라.

아하수에로 왕의 어명에 따라 정월 십삼 일에 왕의 서기관이 소집되어 하만의 명을 따라 왕의 대신과 각 도 방백과 각 민족의 관원에게 아하수에로 왕의 이름으로 조서를 쓰되 곧 각 도의 문자와 각 민족의 방언대로 쓰고 왕의 반지로 인 치니라. 이에 그 조서를 역졸에게 부쳐 왕의 각 도에 보내니 십이 월 곧 아달 월 십삼 일 하루 동안에 모든 유다인을 노소나 어린아이나 부녀를 무론하고 죽이고 도륙하고 진멸하고 또 그 재산을 탈취하라 하였고 이 명령을 각 도에 전하기 위하여 조서의 초본을 모든 민족에게 선포하여 그날을 위하여 준비하게 하라 하였더라. 역졸들이 왕의 명을 받들어 급히 나가매 그 조서가 도성 수산에도 반포되니 왕은 하만과 함께 앉아 마시되 수산성은 어지럽더라.

하만이 자신과 그가 속한 유다 민족을 모두 학살하려는 왕명을 알게 된 모르드개가 자신의 조카인 왕비 에스더에게 말하여 가로되 너는 왕궁에 있으니 모든 유다인 중에 홀로 면하리라 생각지 말라. 이때에 네가 만일 잠잠하여 말이 없으면 유다인은 다른 데로 말미암아 놓임과 구원을 얻으려니와 너와 네 아비 집은 멸망하리라. 네가 왕후의 위를 얻은 것이 이때를 위함이 아닌지 누가 아느냐고 왕비 에스더에게 이 환란에서 구할 방법을 생각해 보라고 말하였다. 그러자 에스더가 모르드개에게 회답하되 당신은 가서 수산에 있는 유다인을 다 모으고 나를 위하여 금식하되 밤낮 삼일을 먹지도 말고 마시지도 마소서. 나도 나의 시녀로 더불어 이렇게 금식한 후에 규례를 어기고 왕에게 나아가리니 죽으면 죽으리이다라고 하며 자신의 단호한 결의를 말해 주었다. 이에 모르드개가 가서 에스더의 명한 대로 다 행하였다.

에스더가 모르드개에게 말한 대로 제 삼 일에 왕후의 예복을 입고 왕궁 안뜰 곧 어전 맞은편에 서니 왕이 어전에서 전 문을 대하여 보좌에 앉았다가 왕후 에스더가 뜰에 선 것을 본즉 심히 사랑스러우므로 손에 잡았던 금홀을 그에게 내어 미니 에스더가 가까이 가서 금홀 끝을 만진지라. 왕이 이르되 왕후 에스더여, 그대의 소원이 무엇이며 요구가 무엇이뇨. 나라의 절반이라도 그대에게 주겠노라고 말했다. 그러자 에스더가 가로되 오늘 내가 왕을 위하여 잔치를 베풀었사오니 왕이 선히 여기시거든 하만과 함께 임하소서라며 잔치에 초대하였다.

몇 차례 더 잔치에 초대받은 하만이 에스더가 앉은 걸상 위에 엎드린 채 에스더에게 생명을 구하려다 왕에게 왕후를 강간하려는 것으로 미움을 받아 하만이 모르드개를 달아 죽이기 위해 오십 규빗이나 높은 나무를 세웠다가 오히려 왕이 하만을 그 나무에 달려 죽게 만들고 하만의 열 아들도 죽여 나무에 달게 하였다. 이처럼 에스더는 죽으면 죽으리라는 일사각오로 자신은 물론 자신이 속한 유다 민족까지 살리는 복을 받았다[에 2:16~9:14].

31. 극심한 고난 속에서도 끝까지 믿음을 지켜 갑절의 복을 받은 욥

　우스 땅에 욥이라 이름하는 사람이 있었는데 그 사람은 순전하고 정직하여 하나님을 경외하며 악에서 떠난 자였더라. 그 소유물은 양이 칠천이요, 약대가 삼천이요, 소가 오백 겨리요, 암나귀가 오백이며 종도 많이 있었으니 이 사람은 동방 사람 중에 가장 큰 자라. 욥은 하나님의 허락하에 사단에게 생명을 제외한 모든 재물과 자녀들까지 모두 잃는 극심한 고난을 당하였다. 그렇지만 욥은 말로 다 할 수 없는 극심한 고난을 당하면서도 하나님 앞에서 내가 모태에서 적신이 나왔사온즉 또한 적신이 그리로 돌아가올지라 주신 자도 하나님이시요, 취하신 자도 하나님시오니 하나님의 이름이 찬송을 받으실지니이다 하고 이 모든 일에 욥이 범죄하지 아니하고 하나님을 향하여 어리석게 원망하지 아니하였다.

　그 후에도 욥은 사단이 그 발바닥에서 정수리까지 악창이 나게 하여 재 가운데 앉아서 기와 조각을 가져다가 몸을 긁고 있던 중에 그 아내가 욥에게 이르되 당신이 그래도 자기의 순전을 굳게 지키느뇨. 하나님을 욕하고 죽으라는 말에도 불구하고 그 말이 어리석은 여자 중 하나의 말 같도다. 우리가 하나님께 복을 받았은즉 재앙도 받지 아니 하겠느뇨 하고 이 모든 일에 입술로 범죄하지 아니하니라. 욥은 나의 가는 길을 오직 그가 아시나니 그가 나를 단련하신 후에는 내가 정금같이 나오리라는 유명한 말을 남기었다.

하나님께서 욥의 노년에 복을 주사 처음 복보다 더하게 하시니 그가 양 일만 사천과 약대 육천과 소 일천 겨리와 암나귀 일천을 두었고 또 아들 일곱과 딸 셋을 낳았으며 그가 첫째 딸은 여미마, 둘째 딸은 긋시아, 셋째 딸은 게렌합북이라 각 이름하였으며 전국에서 욥의 딸들처럼 아리따운 여자가 없었더라. 그 아비 욥이 그 딸들에게도 그 오라비처럼 산업을 주었더라. 그 후에 욥이 140년을 살며 아들과 손자 사 대를 보았고 나이 늙고 기한이 차서 천수를 다하고 죽는 복을 받았다[욥 1:1~42:17].

32. 하나님이 주신 지혜로 꿈을 해몽하며 포로 신분이면서도 총리 등으로 여러 왕을 섬기는 복을 받은 다니엘

포로 중에 유다 자손 곧 다니엘과 하나냐와 미사엘과 아사랴가 있었더니 환관장이 그들의 이름을 고쳐 다니엘은 벨드사살이라 하고 하나냐는 사드락이라 하고 미사엘은 메삭이라 하고 아사랴는 아벳느고라 하였더라. 다니엘은 뜻을 정하여 왕의 진미와 그의 마시는 포도주로 자기를 더럽히지 아니하리라 하고 자기를 더럽히지 않게 하기를 환관장에게 구하니 하나님이 다니엘로 환관장에게 은혜와 긍휼을 얻게 하신지라. 환관장이 다니엘에게 이르되 내가 내 주 왕을 두려워하노라. 그가 너희 먹을 것과 너희 마실 것을 지정하셨거늘 너희의 얼굴이 초췌하여 동무 소년들만 못한 것을 그로 보시게 할 것이 무엇이냐. 그렇게 되면 너희 까닭에 내 머리가 왕 앞에서 위태하게 되리라 하니라.

환관장이 세워 다니엘과 하나냐와 미사엘과 아사랴를 감독하게 한 자에게 다니엘이 말하되 청하오니 당신의 종들을 열흘 동안 시험하여 채식을 주어 먹게 하고 물을 주어 마시게 한 후에 당신 앞에서 우리의 얼굴과 왕의 진미를 먹는 소년들의 얼굴을 비교하여 보아서 보이는 대로 종들에게 처분하소서 하매 그가 그들의 말을 좇아 열흘을 시험하더니 열흘 후에 그들의 얼굴이 더욱 아름답고 살이 더욱 윤택하여 왕의 진미를 먹는 모든 소년보다 나아 보인지라. 이러므로 감독하는 자가 그들에게 분정된 진미와 마실 포도주를 제하고 채식을 주니라.

하나님이 이 네 소년에게 지식을 얻게 하시며 모든 학문과 재주에 명철하게 하신 외에 다니엘은 또 모든 이상과 몽조를 깨달아 알더라. 왕의 명한바 그들을 불러들일 기한이 찼으므로 환관장이 그들을 데리고 느부갓네살 앞으로 들어갔더니 왕이 그들과 말하여 보매 무리 중에 다니엘과 하나냐와 미사엘과 아사랴와 같은 자 없으므로 그들로 왕 앞에 모시게 하고 왕이 그들에게 모든 일을 묻는 중에 그 지혜와 총명이 온 나라 박수와 술객보다 십 배나 나은 줄을 아니라. 다니엘은 고레스 왕 원년까지 있으니라.

그 후 다니엘은 느부갓네살의 잊힌 꿈을 설명한 후 해몽하였고 느부갓네살의 큰 나무 꿈을 다시 해몽하였으며 벨사살 왕이 본 벽의 글자 메네 메네 데겔 우바르신을 해석하였는데 그 뜻은 메네는 하나님이 이미 왕의 나라의 시대를 세어서 그것을 끝나게 하셨다 함이요, 데겔은 왕이 저울에 달려서 부족함이 뵈었다 함이요, 우는 그리고 베레스는 바르신의 복수 형태로 왕의 나라가 나뉘어서 메대와 바사 사람에게 준비되었다 함이라고 명확하게 해석하였다.

다리오 왕 때는 3인의 총리 중 한 사람이 되었으나 삼십 일 동안 왕 외에 어느 신에게나 사람에게 무엇을 구하면 사자굴에 던져 넣기로 하는 금령을 알면서도 자기 집에 돌아가서는 그 방의 예루살렘으로 향하여 열린 창에서 전에 행하던 대로 하루 세 번씩 무릎을 꿇고 기도하며 하나님께 감사하다 다른 신하들의 참소를 받아 사자굴에 던져 넣어졌으나 하나님이 천사를 보내어 사자들의 입을 봉하셨으므로 해를 당하지 않았고 고레스 왕의 시대에도 형통하였으며 벨사살 왕 원년에는 네 짐승에 대한 꿈을 꾼 후 해석을 하였고 삼 년 후에는 수양과 수염소에 대한 이상을 본 후 해석을 하였다.

고레스 왕 삼년에는 한 사람의 환상을 해석하였고, 다리오 왕 때에도 여러 가지 예언을 하는 등 포로의 신분으로 여러 왕을 섬기는 복을 누렸으며 지혜 있는 자는 궁창의 빛과 같이 빛날 것이요, 많은 사람을 옳은 데로 돌아오게 한 자는 별과 같이 영원토록 비추리라는 유명한 말을 남기기도 하였다[단 1:6~12:13].

33. 니느웨 성을 구원한 요나

하나님의 말씀이 아밋대의 아들 요나에게 임하니라. 너는 일어나 저 큰 성읍 니느웨로 가서 그것을 쳐서 외치라. 그 악독이 내 앞에 상달하였음이니라 하시니라. 그러나 요나가 하나님의 낯을 피하려고 일어나 다시스로 도망하려 하여 욥바로 내려갔더니 마침 다시스로 가는 배를 만난지라. 요나가 하나님의 낯을 피하여 함께 다시스로 가려고 선가를 주고 배에 올랐더라. 하나님께서 대풍을 바다 위에 내리시매 바다 가운데 폭풍이 대작하여 배가 거의 깨어

지게 되자 요나가 선원들에게 대풍은 자신 때문임을 고백하고 자신을 바다에 던질 것을 요청하였고, 바다에 던져진 요나는 큰 물고기에게 삼켜져 물고기 배에서 삼 일을 있게 되자 요나는 물고기 배 속에서 하나님께 기도하였고, 하나님께서 그 물고기에게 요나를 육지에 토하게 명하셨다. 물고기 배 속에서 나온 요나에게 하나님께서는 일어나 저 큰 성읍 니느웨로 가서 내가 네게 명한 바를 그들에게 선포하라 명령하신지라.

요나가 하나님의 말씀대로 일어나서 니느웨로 가서 외쳐 가로되 사십 일이 지나면 니느웨가 무너지리라 하였더니 니느웨 백성이 하나님을 믿고 금식을 선포하고 무론 대소하고 굵은 베를 입은지라. 그 소문이 니느웨 왕에게 들리매 왕이 보좌에서 일어나 조복을 벗고 굵은 베를 입고 재에 앉으니라.

왕이 그 대신으로 더불어 조서를 내려 니느웨에 선포하여 가로되 사람이나 짐승이나 소 떼나 양 떼나 아무것도 입에 대지 말지니 곧 먹지도 말 것이요, 물도 마시지 말 것이며 사람이든지 짐승이든지 다 굵은 베를 입을 것이요, 힘써 하나님께 부르짖을 것이며 각기 악한 길과 손으로 행한 강포에서 떠날 것이라. 하나님이 혹시 뜻을 돌이키시고 그 진노를 그치사 우리로 멸망치 않게 하시리라. 그렇지 않을 줄을 누가 알겠느냐 한지라. 하나님이 그들의 행한 것

곧 그 악한 길에서 돌이켜 떠난 것을 감찰하시고 뜻을 돌이키사 그들에게 내리리라 말씀하신 재앙을 내리지 아니하시니라. 이처럼 요나는 마음이 내키지는 않았지만 억지로라도 하나님의 말씀대로 순종하여 니느웨 성에 가서 사십 일이 지나면 니느웨가 무너지리라는 예언을 하여 왕을 비롯한 모든 백성들이 회개하여 구원을 받게 하는 복을 받았다[욘 1:1~3:10].

34. 아내의 혼전 임신을 알고도 드러내지 않고 조용히 끊고자 한 의로운 사람 요셉

예수 그리스도의 나심은 이러하니라. 그 모친 마리아가 요셉과 정혼하고 동거하기 전에 성령으로 잉태된 것이 나타났더니 그 남편 요셉은 의로운 사람이라 저를 드러내지 아니하고 가만히 끊고자 하여 이 일을 생각할 때에 주의 사자가 현몽하여 가로되 다윗의 자손 요셉아 네 아내 마리아 데려오기를 무서워 말라. 저에게 잉태된 자는 성령으로 된 것이라. 아들을 낳으리니 이름을 예수라 하라. 이는 그가 자기 백성을 저희 죄에서 구원할 자이심이라 하니라. 이 모든 일의 된 것은 주께서 선지자로 하신 말씀을 이루려 하심이니 가라사대 보라 처녀가 잉태하여 아들을 낳을 것이요, 그 이름은 임마누엘이라 하리라. 요셉이 잠을 깨어 일어나서 주의 사자의 분부대로 행하여 그 아내를 데려왔으나 아들을 낳기까지 동침치 아니하더니 낳으매 이름을 예수라 하니라.

이처럼 요셉은 정혼녀인 마리아가 혼전에 임신하였음을 알고도 당시 율법으로는 부정한 여인으로 치부하고 이를 드러내어 마리아를 돌로 쳐 죽일 수 있었음에도 불구하고 이를 드러내지 않고 가만히 끊고자 하는 온유한 태도를 보여 그리스도 예수의 육신의 아버지가 되는 복을 받았다[마 1:18~25].

35. 죽음의 위험을 무릅쓰고 혼전 임신을 수용한 예수의 모친 마리아

천사 가브리엘이 하나님의 보내심을 받들어 갈릴리 나사렛이란 동네에 가서 다윗의 자손 요셉이라 하는 사람과 정혼한 처녀에게 이르니 그 처녀의 이름은 마리아라. 그에게 들어가 가로되 은혜를 받은 자여 평안할지어다. 주께서 너와 함께하시도다 하니 처녀가 그 말을 듣고 놀라 이런 인사가 어찌함인고 생각하매 천사가 일러 가로되 마리아여 무서워 말라. 네가 하나님께 은혜를 얻었느니라.

보라. 네가 수태하여 아들을 낳으리니 그 이름을 예수라 하라. 저가 큰 자가 되고 지극히 높으신 이의 아들이라 일컬을 것이요, 주 하나님께서 그 조상 다윗의 위를 저에게 주시리니 영원히 야곱의 집에 왕 노릇 하실 것이며 그 나라가 무궁하리라고 말하였다.

그러나 마리아가 천사에게 나는 사내를 알지 못하니 어찌 이 일이 있으리이까라고 묻자 천사가 대답하여 가로되 성령이 네게 임하시고 지극히 높으신 이의 능력이 너를 덮으시리니 이러므로 나실 바 거룩한 자는 하나님의 아들이라 일컬으리라. 보라. 네 친족 엘리사벳도 늙어서 아들을 배었느니라. 본래 수태하지 못한다 하던 이가 이미 여섯 달이 되었나니 대저 하나님의 모든 말씀은 능치 못하심이 없느니라고 말하였다. 그러자 마리아가 가로되 주의 계집종이 오니 말씀대로 내게 이루어지이다 하매 천사가 떠나 가니라.

그 후 총독 가이사 아구스도가 영을 내려 천하로 다 호적하라 하였으니 이 호적은 구레뇨가 수리아 총독 되었을 때에 첫 번 한 것이라. 모든 사람이 호적하러 각각 고향으로 돌아가매 요셉도 다윗의 집 족속인 고로 갈릴리 나사렛 동네에서 유대를 향하여 베들레헴이라 하는 다윗의 동네로 그 정혼한 마리아와 함께 호적하러 올라가니 마리아가 이미 잉태되었더라. 거기 있을 그때에 해산할 날이 차서 맏아들을 낳아 강보로 싸서 구유에 뉘었다. 이처럼 마리아는 혼전임신이 확인되면 부정한 여인으로 치부되어 당시 율법으로는 돌에 맞아 죽을 수도 있던 시대였음에도 죽음을 무릅쓰고 천사의 성령 임신 사실을 수용하여 그리스도 예수의 육신의 어머니가 되는 복을 받았다[눅 1:26~2:7].

36. 그리스도 예수를 찾아와 경배한 동방박사들

헤롯 왕 때에 예수께서 유대 베들레헴에서 나시매 동방으로부터 박사들이 예루살렘에 이르러 말하되 유대인의 왕으로 나신 이가 어디 계시뇨. 우리가 동방에서 그의 별을 보고 그에게 경배하러 왔노라 하니 헤롯 왕과 온 예루살렘이 듣고 소동한지라. 왕이 모든 대제사장과 백성의 서기관들을 모아 그리스도가 어디서 나겠느뇨 물으니 가로되 유대 베들레헴이오니 이는 선지자로 이렇게 기록된 바 또 유대 땅 베들레헴아 너는 유대 고을 중에 가장 작지 아니하도다. 네게서 한 다스리는 자가 나와서 내 백성 이스라엘의 목자가 되리라 하였음이라고 대답하였다.

이에 헤롯이 가만히 박사들을 불러 별이 나타난 때를 자세히 묻고 베들레헴으로 보내며 이르되 가서 아기에 대하여 자세히 알아

보고 찾거든 내게 고하여 나도 가서 그에게 경배하게 하라고 당부를 하였다. 박사들이 왕의 말을 듣고 갈 새 동방에서 보던 그 별이 문득 앞서 인도하여 가다가 아기 있는 곳 위에 머물러 섰는지라. 저희가 별을 보고 가장 크게 기뻐하고 기뻐하더라. 동방박사들이 집에 들어가 아기와 그 모친 마리아의 함께 있는 것을 보고 엎드려 아기께 경배하고 보배합을 열어 황금과 유향과 몰약을 예물로 드리니라.

동방박사들은 꿈에 헤롯에게로 돌아가지 말라 지시하심을 받아 다른 길로 고국에 돌아갔다. 이처럼 동방박사들은 온 인류의 구세주로 태어나신 예수를 제일 먼저 찾아가 예물을 드리고 경배하는 복을 받았다[마 2:1~12].

37. 예수의 길을 평탄케 한 세례요한

요한은 약대털을 입고 허리에 가죽띠를 띠고 메뚜기와 석청을 먹더라. 그가 전파하여 가로되 나보다 능력 많으신 이가 내 뒤에 오시나니 나는 굽혀 그의 신들메를 풀기도 감당치 못하겠노라. 나는 너희에게 물로 세례를 주었거니와 그는 성령으로 너희에게 세례를 주시리라[막 1:6~8].

그때에 세례요한이 이르러 유대 광야에서 전파하여 가로되 회개하라. 천국이 가까웠느니라 하였으니 저는 선지자 이사야로 말씀하신 자라. 일렀으되 광야에 외치는 자의 소리가 있어 가로되 너희는 주의 길을 예비하라. 그의 첩경을 평탄케 하라 하였느니라.

이 요한은 약대 털옷을 입고 허리에 가죽띠를 띠고 음식은 메뚜기와 석청이었더라. 나는 너희로 회개케 하기 위하여 물로 세례를 주거니와 내 뒤에 오시는 이는 나보다 능력이 많으시니 나는 그의 신을 들기도 감당치 못하겠노라. 그는 성령과 불로 세례를 주실 것이요. 손에 키를 들고 자기의 타작마당을 정하게 하사 알곡은 모아 곡간에 들이고 쭉정이는 꺼지지 않는 불에 태우시리라. 이때에 예수께서 갈릴리로서 요단강에 이르러 요한에게 세례를 받으려 하신대 요한이 말려 가로되 내가 당신에게 세례를 받아야 할 터인데 당신이 내게로 오시나이까 하니라. 그러자 예수께서 대답하여 가라사대 이제 허락하라. 우리가 이와 같이 하여 모든 의를 이루는 것이 합당하니라 하신대 이에 요한이 허락하는지라[마 3:1~15].

제자들이 예수께 그러면 어찌하여 서기관들이 엘리야가 먼저 와야 하리라 하나이까라고 묻자 예수께서 대답하여 가라사대 엘리야가 과연 먼저 와서 모든 일을 회복하리라. 내가 너희에게 말하노니 엘리야가 이미 왔으되 사람들이 알지 못하고 임의로 대우하였도다. 인자도 이와 같이 그들에게 고난을 받으리라 하시니 그제야 제자들이 예수의 말씀하신 것이 세례요한인 줄을 깨달으니라[마 17:10~13]. 세례요한은 예수를 가리켜 그는 흥하여야 하겠고 나는 쇠하여야 하리라고 하면서 자신을 낮추고 구세주로 오신 예수를 높이는 복을 받았다[요 3:30].

38. 자신들의 눈을 뜨게 만든 두 소경의 믿음

예수께서 거기서 떠나가실 새 두 소경이 따라오며 소리 질러 가로되 다윗의 자손이여 우리를 불쌍히 여기소서 하더니 예수께서 집에 들어가시매 소경들이 나아오거늘 예수께서 이르시되 내가 능히 이 일 할 줄을 믿느냐. 대답하되 주여 그러하오이다 하니 이에 예수께서 저희 눈을 만지시며 가라사대 너희 믿음대로 되라 하신대 그 눈들이 밝아지는 복을 받았다. 두 소경은 그 후 예수께서 엄히 경계하시되 삼가 아무에게도 알게 하지 말라 하셨으나 저희가 자신들의 눈이 밝아지는 기적을 맛본 후로는 그 기쁨을 주체하지 못하고 나가서 예수의 소문을 그 온 땅에 전파하였다[마 9:27~31].

39. 예수께 나아와 간구하여 한센병을 고친 한센병자

예수께서 산에서 내려오시니 허다한 무리가 좇으니라. 한 한센병자가 나아와 절하고 가로되 주여 원하시면 저를 깨끗케 하실 수 있나이다 하거늘 예수께서 손을 내밀어 저에게 대시며 가라사대 내가 원하노니 깨끗함을 받으라 하신대 즉시 그의 한센병이 깨끗하여졌다. 예수께서 이르시되 삼가 아무에게도 이르지 말고 다만 가서 제사장에게 네 몸을 보이고 모세의 명한 예물을 드려 저희에게 증거하라 하시니라[마 8:1~4]. 이 한센병자는 예수께 나아와 자신의 병을 낫게 해 달라고 진심으로 간구하여 자신의 병을 고침 받는 복을 받았다.

40. 하인의 병을 고침 받은 백부장

예수께서 가버나움에 들어가시니 한 백부장이 나아와 간구하여 가로되 주여 내 하인이 중풍병으로 집에 누워 몹시 괴로워하나이다. 예수께서 가라사대 내가 가서 고쳐 주리라고 하자 백부장이 대답하여 가로되 주여 내 집에 들어오심을 나는 감당치 못하겠사오니 다만 말씀으로만 하옵소서. 그러면 내 하인이 낫겠사옵나이다. 나도 남의 수하에 있는 사람이요, 내 아래도 군사가 있으니 이 더러 가라 하면 가고 저더러 오라 하면 오고 내 종더러 이것을 하라 하면 하나이다라고 대답하였다.

예수께서 들으시고 기이히 여겨 좇는 자들에게 이르시되 내가 진실로 너희에게 이르노니 이스라엘 중 아무에게서도 이만한 믿음을 만나 보지 못하였노라. 또 너희에게 이르노니 동서로부터 많은 사람이 이르러 아브라함과 이삭과 야곱과 함께 천국에 앉으려니와 나라의 본 자손들은 바깥 어두운 데 쫓겨나 거기서 울며 이를 갊이 있으리라. 예수께서 백부장에게 이르시되 가라 네 믿은 대로 될지어다 하시니 그 시로 하인이 나았다[마 8:5~13]. 이 백부장은 예수께 나아와 자신의 하인의 중풍병을 낫게 해 달라고 진심으로 간구하여 하인의 중풍병을 고침 받는 복을 받았다.

41. 중풍병자를 고침 받게 한 가버나움 네 사람의 믿음

예수께서 다시 가버나움에 들어가시니 집에 계신 소문이 들린지라. 많은 사람들이 모여서 문 앞에라도 용신할 수 없게 되었는데 예수께서 저희에게 도를 말씀하시더니 사람들이 한 중풍병자를 네 사람에게 메워 가지고 예수께로 올 새 무리를 인하여 예수께 데려갈 수 없으므로 그 계신 곳의 지붕을 뜯어 구멍을 내고 중풍병자의 누운 상을 달아내리니 예수께서 저희의 믿음을 보시고 중풍병자에게 이르시되 소자야 네 죄사함을 받았느니라 하시고 중풍병자에게 말씀하시되 내가 네게 이르노니 일어나 네 상을 가지고 집으로 가라 하시니 그가 일어나 곧 상을 가지고 모든 사람 앞에서 걸어 나가는 복을 받았다.

그 후 이 기적을 직접 목격한 사람들이 다 놀라 영광을 하나님께 돌리며 가로되 우리가 이런 일을 도무지 보지 못하였다 하더라 [막 2:1~12]. 이 중풍병자를 메고 온 네 사람들은 중풍병자를 살리려는 마음 하나로 지붕을 뜯어서라도 중풍병자를 예수께 보이면 중풍병자가 나으리라는 믿음을 가지고 이를 실천함으로 말미암아 마침내 중풍병자가 나음을 받을 수 있게 하는 복을 받았다.

42. 예수께 간구하여 딸을 살린 회당장 야이로의 믿음

예수께서 배를 타시고 다시 저편으로 건너가시매 큰 무리가 그에게로 모이거늘 이에 바닷가에 계시더니 회당장 중 하나인 야이로라 하는 이가 와서 예수를 보고 발아래 엎드리어 많이 간구하여 가로되 내 어린 딸이 죽게 되었사오니 오셔서 그 위에 손을 얹으사 그로 구원을 얻어 살게 하소서 하며 부탁하였다. 이에 예수께서 그와 함께 가실 새 큰 무리가 따라가며 에워싸 밀더라. 아직 말씀하실 때에 회당장의 집에서 사람들이 와서 가로되 당신의 딸이 죽었나이다. 선생을 더 괴롭게 하지 마소서라고 말하였다.

그러자 예수께서 그 하는 말을 곁에서 들으시고 회당장에게 이르시되 두려워 말고 믿기만 하라 하시고 베드로와 야고보와 야고보의 형제 요한 외에 아무도 따라옴을 허치 아니하시고 회당장의 집에 함께 가사 훤화함과 사람들의 울며 심히 통곡함을 보시고 들어가서 저희에게 이르시되 너희가 어찌하여 훤화하며 우느냐. 이 아이가 죽은 것이 아니라 잔다 하시니 저희가 비웃더라.

예수께서 저희를 다 내어 보내신 후에 아이의 부모와 또 자기와 함께한 자들을 데리시고 아이 있는 곳에 들어 가사 그 아이의 손을 잡고 가라사대 달리다굼 하시니 번역하면 곧 소녀야 내가 네게 말하노니 일어나라 하심이라. 그러자 소녀가 곧 일어나서 걷는 복을 받았는데 그의 나이 열두 살이라. 사람들이 곧 크게 놀라거늘 예수께서 이 일을 아무도 알지 못하게 하라고 저희를 많이 경계하시고 이에 소녀에게 먹을 것을 주라 하시니라[막 5:21~43]. 회당장 야이로도 비록 자신의 딸이 죽었지만 예수가 딸에게 오면 살아나리라는 믿음을 가지고 이를 실천하므로 인해 죽었던 딸이 살아나는 복을 받았다.

43. 예수의 겉옷 가를 만져 열두 해 혈루증이 나은
여인의 믿음

열두 해 동안 혈루증을 앓던 여자가 예수의 뒤로 와서 그 겉옷 가를 만지니 이는 제 마음에 그 겉옷만 만져도 구원을 받을 수 있겠다는 생각이 듦이라. 이에 예수께서 돌이켜 그를 보시며 가라사대 딸아, 안심하라. 네 믿음이 너를 구원하였다 하시니 여자가 그 시로 구원을 받아 혈루증이 깨끗이 낫는 복을 받았다[마 9:20~22].

44. 귀신 들려 눈멀고 벙어리 된 자를 데려와 고침 받게 해 준
사람의 믿음

그때에 한 사람이 귀신 들려 눈멀고 벙어리 된 자를 예수께 데리

고 왔거늘 예수께서 고쳐 주시매 그 벙어리가 말하며 보게 된지라
[마 12:22]. 이처럼 눈멀고 벙어리 된 자를 데리고 온 이 사람은 벙어리 된 자를 보고 그를 예수께 데리고 가기만 하면 분명히 나을 수 있을 것이라는 믿음을 가지고 그 믿음을 실천하여 마침내 벙어리 된 자를 낫게 하는 복을 받았다.

45. 예수를 믿고 바다 위를 걷게 된 베드로의 믿음

바다 위를 걸어오시는 예수를 본 베드로가 대답하여 가로되 주여 만일 주시어든 나를 명하사 물 위로 오라 하소서 한대 예수께서 오라 하시니 베드로가 예수의 말을 그대로 믿고 실천하여 배에서 내려 물 위를 걸어가므로 바다 위를 걸어서 예수께로 가는 기적을 직접 체험하는 복을 받았다[마 14:28~29].

46. 게넷사렛 땅 사람들의 믿음

저희가 건너가 게네사렛 땅에 이르니 그곳 사람들이 예수이신

줄을 알고 그 근방에 두루 통지하여 모든 병든 자를 예수께 데리고 와서 예수의 옷 가에라도 손을 대게 하시기를 간구하니 손을 대는 자는 다 낫는 복을 받았다[마 14:34~36].

47. 개라는 수모도 참고 견뎌 자신의 딸을 고친 가나안 여자의 믿음

예수께서 거기서 두로와 시돈 지방으로 들어가시니 가나안 여자 하나가 그 지경에서 나와서 소리 질러 가로되 주 다윗의 자손이여 나를 불쌍히 여기소서. 내 딸이 흉악히 귀신 들렸나이다 하였으나 예수는 한 말씀도 대답지 아니하시느니라. 이에 제자들이 와서 청하여 말하되 그 여자가 우리 뒤에서 소리를 지르오니 보내소서라고 간청하였다. 그러자 예수께서 대답하여 가라사대 나는 이스라엘 집의 잃어버린 양 외에는 다른 데로 보내심을 받지 아니하였다고 말씀하셨다. 그럼에도 여자가 와서 예수께 절하며 가로되 주여 저를 도와주소서라고 간청하였다.

그러자 예수께서 이번에는 자녀의 떡을 취하여 개들에게 던짐이 마땅치 아니하다고 말씀하시자 여자가 가로되 주여 옳소이다마는 개들도 제 주인의 상에서 떨어지는 부스러기를 먹나이다라고 대답하였다. 이에 예수께서 대답하여 가라사대 여자야 네 믿음이 크도다. 네 소원대로 되리라 하시니 그 시로부터 그의 딸이 낫는 복을 받았다[마 15:21~28]. 그 가나안 여자는 비록 자신을 개라고 칭하는 수모도 참으며 오로지 예수가 병든 자신의 딸을 낫게 해 줄 것이라는 확실한 믿음을 가짐으로 인해 마침내 자신의 믿음대로 딸이 낫는 기적을 직접 체험하는 복을 받았다.

48. 불구자들을 예수께 데리고 와 고치게 만든 갈릴리 호숫가 사람들의 믿음

예수께서 다시 두로 지경에서 나와 시돈을 지나고 데가볼리 지경을 통과하여 갈릴리 호수에 이르시매 사람들이 귀먹고 어눌한 자를 데리고 예수께 나아와 안수하여 주시기를 간구하거늘 예수께서 그 사람을 따로 데리고 무리를 떠나사 손가락을 그의 양 귀에 넣고 침을 뱉어 그의 혀에 손을 대시며 하늘을 우러러 탄식하시며 그에게 이르시되 에바다 하시니 이는 열리라는 뜻이라. 그러자 그 귀먹고 어눌한 자의 귀가 열리고 혀의 맺힌 것이 곧 풀려 말이 분명하게 되는 복을 받았다[막 7:31~35]. 이처럼 불구자들을 예수께 데리고 온 사람들은 불구자들을 예수께 데리고 가기만 하면 분명히 나을 수 있을 것이라는 믿음을 가지고 그 믿음을 실천함으로 말미암아 마침내 불구자들을 낫게 하는 복을 받았다.

49. 칠병이어의 기적을 일으킨 제자들의 믿음

예수께서 제자들을 불러 가라사대 내가 무리를 불쌍히 여기노라. 저희가 나와 함께 있은 지 이미 사흘이매 먹을 것이 없도다. 길에서 기진할까 하여 굶겨 보내지 못하겠노라고 말씀하셨다.

그러자 제자들이 가로되 광야에 있어 우리가 어디서 이런 무리의 배부를 만큼 떡을 얻을 수 있으리이까 대답하였다. 이에 예수께서 가라사대 너희에게 떡이 몇 개나 있느냐고 묻자 제자들이 가로되 떡 일곱 개와 작은 생선 두어 머리가 있다고 대답하였다. 이에 예수께서 무리를 명하사 땅에 앉게 하시고 떡 일곱 개와 그 생선을 가지시고 축사하신 후 떼어 제자들에게 주시니 제자들이 무리에게 주매 다 배불리 먹고 남은 조각을 일곱 광주리에 차게 거두었다. 당시 예수께서 주신 떡과 생선을 먹은 자는 여자와 아이 외에 사천 명이었더라. 예수께서 무리를 흩어 보내시고 배에 오르사

마가단 지경에 가시니라. 이처럼 제자들의 믿음이 여자와 아이 외에 사천 명을 먹이는 복을 받았다[마 15:32~38].

50. 아들의 간질병을 고친 아버지의 믿음

저희가 무리에게 이르매 한 사람이 예수께 와서 꿇어 엎드리어 가로되 주여 내 아들을 불쌍히 여기소서. 저가 간질로 심히 고생하여 자주 불에도 넘어지며 물에도 넘어지는지라 내가 주의 제자들에게 데리고 왔으나 능히 고치지 못하더이다. 예수께서 대답하여 가라사대 믿음이 없고 패역한 세대여, 내가 얼마나 너희와 함께 있으며 얼마나 너희를 참으리요, 그를 이리로 데려오라 하셨다. 이에 예수께서 꾸짖으시니 귀신이 나가고 아이가 그때부터 나았다. 이처럼 아들의 간질병을 고친 아버지는 아들을 예수께 데려가기만 하면 아들의 병이 나을 것이라는 믿음을 가지고 있었기 때문에 그 믿음대로 실천하여 마침내 아들의 병이 낫게 되는 복을 받았다.

이때에 제자들이 종용히 예수께 나아와 가로되 우리는 어찌하여 쫓아내지 못하였나이까 물으니 예수께서 가라사대 너희 믿음이 적은 연고라고 하셨다. 예수께서 말씀하시기를 진실로 너희에게 이르노니 너희가 만일 믿음이 한 겨자씨만큼만 있으면 이 산을 명하여 여기서 저기로 옮기라 하여도 옮길 것이요, 또 너희가 못할 것이 없으리라고 말씀하셨다[마 17:14~20].

51. 자신들의 눈을 뜨게 만든 여리고 두 소경의 믿음

예수의 일행이 여리고에서 떠나갈 때에 큰 무리가 예수를 좇더라. 소경 둘이 길가에 앉았다가 예수께서 지나가신다 함을 듣고 소리 질러 가로되 주여 우리를 불쌍히 여기소서. 다윗의 자손이여 하고 소리를 질렀다. 그러자 무리가 두 소경을 꾸짖어 잠잠하라 하였으나 소경들이 더욱 소리 질러 가로되 주여 우리를 불쌍히 여기소서. 다윗의 자손이여 하는지라. 이에 예수께서 머물러 서서 저희를 불러 가라사대 너희에게 무엇을 하여 주기를 원하느냐고 물었다. 두 소경들이 가로되 주여 우리 눈 뜨기를 원한다고 대답하였다. 두 소경들의 대답을 들으신 예수께서 민망히 여기사 두 소경들의 눈을 만지시니 곧 보게 되는 복을 받았고 저희가 곧 예수의 제자가 되었다[마 20:29~34].

52. 예수를 대신해 십자가를 진 시몬이란 구레네 사람

로마 군인들이 예수께 희롱을 다한 후 홍포를 벗기고 도로 그의 옷을 입혀 십자가에 못 박으려고 끌고 나가니라. 나가다가 시몬이란 구레네 사람을 만나매 그를 억지로 같이 가게 하여 예수의 십자가를 지웠다. 위 구레네 사람 시몬은 길을 가다 엉겁결에 예수를 대신해 인류의 구세주이신 예수의 십자가를 대신 지는 복을 받았다[마 20:29~34].

53. 빌라도에게 예수의 시체를 달라 하여
자신의 새 무덤에 장사 지낸 아리마대 부자 요셉

예수께서 십자가에 달려 돌아가신 날이 저물었을 때에 아리마대 부자 요셉이라 하는 사람이 왔으니 그도 예수의 제자라. 요셉이 빌라도에게 가서 예수의 시체를 달라 하니 이에 빌라도가 내어주라 분부하였다. 이에 요셉이 예수의 시체를 가져다가 정한 세마포로 싸서 바위 속에 판 자기 새 무덤에 넣어두고 큰 돌을 굴려 무덤 문에 놓고 가므로 그리스도 예수를 자신의 새 무덤에 장사 지내는 복을 받았다[마 27:57~61].

54. 소경의 눈을 뜨게 만든 벳새다 사람들의 간구

벳새다에 이르매 사람들이 소경 하나를 데리고 예수께 나아와 손대시기를 구하거늘 예수께서 소경의 눈을 붙드시고 마을 밖으로 데리고 나가사 눈에 침을 뱉으시며 그에게 안수하시고 무엇이 보이느냐 물으시니 우러러보며 가로되 사람들이 보이나이다. 나무 같은 것들의 걸어가는 것을 보나이다 하거늘 이에 그 눈에 다시 안수하시매 저가 주목하여 보더니 나아서 만물을 밝히 보이게 하는 복을 받았다[막 8:20~25].

55. 벙어리 귀신 들린 아들의 병을 고친 아버지의 믿음

무리 중에 하나가 대답하되 선생님, 벙어리 귀신 들린 내 아들을 선생님께 데려왔나이다. 귀신이 어디서든지 저를 잡으면 거꾸러져 거품을 흘리며 이를 갈며 그리고 파리하여 가는지라. 내가 선생의 제자들에게 내어 쫓아 달라 하였으나 저희가 능히 하지 못하더이다. 예수께서 대답하여 가라사대 믿음이 없는 세대여, 내가 얼마나 너희와 함께 있으며 얼마나 너희를 참으리요, 그를 내게로 데려오라 하시매 이에 데리고 오니 귀신이 예수를 보고 곧 그 아이로 심히 경련을 일으키게 하는지라. 저가 땅에 엎드러져 구르며 거품을 흘리더라.

예수께서 그 아비에게 물으시되 언제부터 이렇게 되었느냐 물으시니 그 아비가 가로되 어릴 때부터인데 귀신이 저를 죽이려고 불과 물에 자주 던졌나이다. 그러나 무엇을 하실 수 있거든 우리를 불쌍히 여기사 도와주옵소서 하니 예수께서 이르시되 할 수 있거든이 무슨 말이냐 믿는 자에게는 능치 못할 일이 없느니라 하시니 곧 그 아이의 아비가 소리를 질러 가로되 내가 믿나이다. 나의 믿음 없는 것을 도와주소서 하더라.

예수께서 무리의 달려 모이는 것을 보시고 그 더러운 귀신을 꾸짖어 가라사대 벙어리 되고 귀먹은 귀신아, 내가 네게 명하노니 그 아이에게서 나오고 다시 들어가지 말라 하시매 귀신이 소리 지르며 아이로 심히 경련을 일으키게 하고 나가니 그 아이가 죽은 것같이 되어 많은 사람이 말하기를 죽었다 하나 예수께서 그 손을 잡아 일으키시니 이에 일어서서 건강하게 되는 복을 받았다[막 9:17~27]

56. 예수께 많은 연보를 넣었다고 칭찬받은 한 가난한 과부

예수께서 연보궤를 대하여 앉으사 무리의 연보궤에 돈 넣는 것을 보실 새 여러 부자는 많이 넣는데 한 가난한 과부는 와서 두 렙돈 곧 한 고드란트를 넣는지라. 예수께서 제자들을 불러다가 이르시되 내가 진실로 너희에게 이르노니 이 가난한 과부는 연보궤에 넣는 모든 사람보다 많이 넣었도다. 저희는 다 그 풍족한 중에서 넣었거니와 이 과부는 그 구차한 중에서 자기 모든 소유 곧 생활비 전부를 넣었느니라 하셨다. 이처럼 가난한 과부는 비록 두 렙돈을 연보하였으나 생활비 전부를 연보하여 예수께 칭찬받는 복을 받았다[막 12:41~44].

57. 옥합을 깨뜨려 예수께 부은 마리아

예수께서 베다니 문둥이 시몬의 집에서 식사하실 때에 한 여자가 매우 값진 향유 곧 순전한 나드 한 옥합을 가지고 와서 그 옥합을 깨뜨리고 예수의 머리에 부으니 어떤 사람들이 분을 내어 서로 말하되 무슨 의사로 이 향유를 허비하였는가. 이 향유를 삼백 데나리온 이상에 팔아 가난한 자들에게 줄 수 있었겠도다 하며 그 여자를 책망하는지라. 예수께서 가라사대 가만두어라. 너희가 어찌하여 저를 괴롭게 하느냐. 저가 내게 좋은 일을 하였느니라. 가난한 자들은 항상 너희와 함께 있으니 아무 때라도 원하는 대로 도울 수 있거니와 나는 너희와 항상 함께 있지 아니하리라. 저가 힘을 다하여 내 몸에 향유를 부어 내 장사를 미리 준비하였느니라. 내가 진실로 너희에게 이르노니 온 천하에 어디서든지 복음이 전파되는 곳에는 이 여자의 행한 일도 말하여 저를 기념하리라 하셨다. 이로써 마리아는 구세주 예수께 값비싼 옥합을 깨뜨려 부어 드림으로 말미암아 복음이 전해지는 곳마다 대대로 그 이름이 전해지는 복을 받았다[막 14:3~9].

58. 하나님 앞에 의인으로 주의 모든 계명과 규례대로 흠이 없이 행한 사가랴와 그 아내 엘리사벳

유대 왕 헤롯 때에 아비야 반열에 제사장 하나가 있으니 이름은 사가랴요, 그 아내는 아론의 자손이니 이름은 엘리사벳이라. 이 두 사람이 하나님 앞에 의인이니 주의 모든 계명과 규례대로 흠이 없이 행하더라. 엘리사벳이 수태를 못하므로 저희가 무자하고 두 사람의 나이 많더라.

마침 사가랴가 그 반열의 차례대로 제사장의 직무를 하나님 앞에 행할 새 제사장의 전례를 따라 제비를 뽑아 주의 성소에 들어가 분향하고 모든 백성은 그 분향하는 시간에 밖에서 기도하더니 주의 사자가 저에게 나타나 향단 우편에 선지라. 사가랴가 보고 놀라며 무서워하니 천사가 일러 가로되 사가랴여, 무서워 말라. 너의 간구함이 들린지라. 네 아내 엘리사벳이 네게 아들을 낳아 주리니 그 이름을 요한이라 하라. 사가랴가 천사에게 이르되 내가 이것을 어떻게 알리요, 내가 늙고 아내도 나이 많으니이다. 천사가 대답하여 가로되 나는 하나님 앞에 섰는 가브리엘이라. 이 좋은 소식을 전하여 네게 말하라고 보내심을 입었노라. 보라, 이 일의 되는 날까지 네가 벙어리가 되어 능히 말을 못하리니 이는 내 말을 네가 믿지 아니함이거니와 때가 이르면 내 말이 이루리라 하더라.

그가 나와서 저희에게 말을 못하니 백성들이 그 성소 안에서 이상을 본 줄 알았더라. 그가 형용으로 뜻을 표시하며 그냥 벙어리대로 있더니 그 직무의 날이 다 되매 집으로 돌아가니라. 이후에 그 아내 엘리사벳이 수태하고 다섯 달 동안 숨어 있으며 가로되 주께서 나를 돌아보시는 날에 사람들 앞에서 내 부끄러움을 없게 하시려고 이렇게 행하심이라 하더라.

엘리사벳이 해산할 기한이 차서 아들을 낳고 팔 일이 되매 아이를 할례하러 와서 그 부친의 이름을 따서 사가랴라 하고자 하더니 그 모친이 대답하여 가로되 아니라 요한이라 할 것이라 하매 저희가 가로되 네 친족 중에 이 이름으로 이름한 이가 없다 하고 그 부친께 형용하여 무엇으로 이름하려 하는가 물으니 저가 서판을 달라 하여 그 이름은 요한이라 쓰매 다 기이히 여기더라. 이에 그 입이 곧 열리고 혀가 풀리며 말을 하여 하나님을 찬송하니 그 근처에 사는 자가 다 두려워하고 이 모든 말이 온 유대 산중에 두루 퍼지매 듣는 사람이 다 이 말을 마음에 두며 가로되 이 아이가 장차 어찌될꼬 하니 이는 주의 손이 저와 함께하심이러라. 이처럼 사가랴와 그 아내 엘리사벳은 하나님 앞에 의인으로 주의 모든 계명과 규례대로 흠이 없이 행하므로 말미암아 구세주 예수의 길을 예비하는 세례요한을 아들로 얻는 복을 받았다[눅 1:6~66].

59. 의롭고 경건하여 이스라엘의 위로를 기다리던 자 시므온

예루살렘에 시므온이라 하는 사람이 있으니 이 사람이 의롭고 경건하여 이스라엘의 위로를 기다리는 자라. 성령이 그 위에 계시더라. 저가 주의 그리스도를 보기 전에 죽지 아니하리라 하는 성령의 지시를 받았더니 성령의 감동으로 성전에 들어가매 마침 부모가 율법의 전례대로 행하고자 하여 그 아기 예수를 데리고 오는지라. 시므온이 아기를 안고 하나님을 찬송하여 가로되 주재여 이제는 말씀하신 대로 종을 평안히 놓아 주시는도다. 내 눈이 주의 구원을 보았사오니 이는 만민 앞에 예비하신 것이요, 이방을 비추는 빛이요, 주의 백성 이스라엘의 영광이니이다 하였다.

그러자 예수의 부모가 그 아기에 대한 말들을 기이히 여기더라. 시므온이 저희에게 축복하고 그 모친 마리아에게 일러 가로되 보라, 이 아이는 이스라엘 중 많은 사람이 패하고 흥함을 위하며 비방을 받는 표적되기 위하여 세움을 입었고 또 칼이 네 마음을 찌르듯 하리라. 이는 여러 사람의 마음의 생각을 드러내려 함이니라 하더라. 이처럼 시므온은 의롭고 경건하여 이스라엘의 위로를 기다리다 생전에 구세주 예수를 보고 축복하는 복을 받았다[눅 2:25~35].

60. 하나님께 감사하고 예루살렘의 구속됨을 바라는 모든 사람에게 예수에 대해 말하고 주의 율법을 좇아 모든 일을 필한 안나

또 아셀지파 바누엘의 딸 안나라 하는 선지자가 있어 나이 매우 늙었더라. 그가 출가한 후 일곱 해 동안 남편과 함께 살다가 과부된 지 팔십사 년이라. 이 사람이 성전을 떠나지 아니하고 주야에 금식하며 기도함으로 섬기더니 마침 이때에 나아와서 하나님께 감사하고 예루살렘의 구속됨을 바라는 모든 사람에게 이 아기에 대하여 말하니라. 이처럼 안나는 하나님께 감사하고 예수의 구속됨을 바라는 모든 사람에게 구세주 예수에 대해 말하며 주의 율법을 좇아 모든 일을 필하는 복을 받았다[눅 2:35~39].

61. 장모의 병 낫기를 예수께 구한 시몬 베드로의 믿음

예수께서 일어나 회당에서 나가사 시몬의 집에 들어가시니 시몬의 장모가 중한 열병에 붙들린지라. 시몬 베드로가 장모의 병 낫기를 예수께 구하니 예수께서 가까이 서서 열병을 꾸짖으신대 병이 떠나고 여자가 곧 일어나 저희에게 수종드니라. 이처럼 시몬 베드로는 자신의 장모의 병을 예수께 구하면 낫게 될 것이라는 믿음을 가지고 예수께 간구하여 실제로 장모의 병이 낫는 복을 받았다[눅 4:38~39].

62. 예수께 나온 각색 병으로 앓는 자 있는 사람들의 믿음

해 질 적에 각색 병으로 앓는 자 있는 사람들이 다 병인을 데리고 예수께 나아오매 예수께서 일일이 그 위에 손을 얹으셔서 고치시니 여러 사람에게서 귀신들이 나가며 소리 질러 가로되 당신은 하나님의 아들입니다라고 외치니라. 이처럼 각색 병으로 앓는 자 있는 사람들이 다 병인을 데리고 예수께 나아오므로 말미암아 그들의 각색 병이 다 낫는 복을 받았다[눅 4:40~41].

63. 예수의 말씀대로 깊은 데로 가서 그물을 내려
고기를 잡은 시몬 베드로의 믿음

예수께서 한 배에 오르시니 그 배는 시몬의 배라. 육지에서 조금 떠기를 청하시고 앉으사 배에서 무리를 가르치시더니 말씀을 마치시고 시몬에게 이르시되 깊은 데로 가서 그물을 내려 고기를 잡으라고 말씀하셨다. 그러자 시몬이 대답하여 가로되 선생이여, 우리들이 밤이 맞도록 수고를 하였으되 얻은 것이 없지마는 말씀에 의지하여 내가 그물을 내리리이다 하고 그리한즉 고기를 에운 것이 심히 많아 그물이 찢어지는지라. 이에 다른 배에 있는 동무를 손짓하여 와서 도와 달라 하니 저희가 와서 두 배에 채우매 잠기게 되었더라.

시몬 베드로가 이를 보고 예수의 무릎 아래 엎드려 가로되 주여, 나를 떠나소서. 나는 죄인이로소이다 하니 이는 자기와 및 함께 있는 모든 사람이 고기 잡힌 것을 인하여 놀랐다. 이처럼 어부가 직업인 시몬 베드로는 평생 동안 어부로 살아온 자신의 경험과 알고 있는 지식이 있었지만 그런 것들을 다 버리고 오로지 예수의 말씀대로 하면 그대로 이루어질 것이라는 믿음을 가지고 순종하여 깊은 데로 가서 그물을 내림으로 말미암아 그물이 찢어질 정도의 많은 고기를 잡는 복을 받았다[눅 5:3~9].

64. 예수께 자신의 병을 낫게 해 달라고 간구한 한센병자

예수께서 한 동네에 계실 때에 온몸에 한센병 들린 사람이 있어 예수를 보고 엎드려 구하여 가로되 주여 원하시면 나를 깨끗케 하실 수 있나이다 하니 예수께서 손을 내밀어 저에게 대시며 가라사대 내가 원하노니 깨끗함을 받으라 하신대 한센병이 곧 떠나는 복을 받았다[눅 5:12~13].

65. 죽은 아들이 살아난 나인성 과부

예수께서 나인이란 성으로 가실 새 제자와 허다한 무리가 동행
하더니 성문에 가까이 오실 때에 사람들이 한 죽은 자를 메고 나
오니 이는 그 어미의 독자요, 어미는 과부라. 그 성의 많은 사람도
그와 함께 나오거늘 주께서 과부를 보시고 불쌍히 여기사 울지 말
라 하시고 가까이 오사 그 관에 손을 대시니 멘 자들이 서는지라.
예수께서 가라사대 청년아 내가 네게 말하노니 일어나라 하시매
죽었던 자가 일어나 앉고 말도 하거늘 예수께서 그를 어미에게 주
신대 모든 사람이 두려워하며 하나님께 영광을 돌려 가로되 큰 선
지자가 우리 가운데 일어나셨다 하고 또 하나님께서 자기 백성을
돌아보셨다 하더라. 이처럼 나인성 과부는 길을 가다 예수를 만남
으로 말미암아 죽은 아들이 살아나는 복을 받았다[눅 7:11~16].

66. 예수께 자신의 병을 낫게 해 달라고 간구한
사마리아와 갈릴리 사이에 살고 있던 한센병자 열 명

예수께서 예루살렘으로 가실 때에 사마리아와 갈릴리 사이로
지나가시다가 한 촌에 들어가시니 한센병자 열 명이 예수를 만나

멀리 서서 소리를 높여 가로되 예수 선생님이여, 우리를 긍휼히 여기소서 하거늘 보시고 가라사대 가서 제사장들에게 너희 몸을 보이라 하셨더니 저희가 가다가 깨끗함을 받은지라. 이처럼 이들 한센병자 열 명은 비록 먼 곳에서라도 예수께 아뢰면 예수께서 자신들의 병을 고쳐 주실 것을 믿고 예수께 자신들을 긍휼히 여겨달라고 소리를 높이므로 결국 자신들의 한센병을 고침 받는 복을 받았다[눅 17:11~14].

67. 예수를 보기 위해 뽕나무에 올라간 세리장 삭개오의 믿음

예수께서 여리고로 들어가시더라. 삭개오라 이름하는 자가 있으니 세리장이요, 또한 부자라. 저가 예수께서 어떠한 사람인가 하여 보고자 하되 키가 작고 사람이 많아 할 수 없어 앞으로 달려가 보기 위하여 뽕나무에 올라가니 이는 예수께서 그리로 지나가시게 됨이러라. 예수께서 그곳에 이르사 우러러 보시고 이르시되 삭개오야, 속히 내려오라. 내가 오늘 네 집에 유하여야 하겠다 하시니 급히 내려와 즐거워하며 영접하였다.

그런데 뭇사람들이 보고 수군거려 가로되 저가 죄인의 집에 유하러 들어갔도다 하더라. 삭개오가 서서 주께 여짜오되 주여 보시옵소서. 내 소유의 절반을 가난한 자들에게 주겠사오며 만일 뉘 것을 토색한 일이 있으면 사 배나 갚겠다고 맹세하였다. 그러자 예수께서 오늘 구원이 이 집에 이르렀으니 이 사람도 아브라함의 자손임이로다. 인자의 온 것은 잃어버린 자를 찾아 구원하려 함이라고 말씀하셨다. 이처럼 삭개오는 예수를 만나서 구원받는 복을 받았다[눅 19:1~10].

68. 예수께 무료로 자신들의 나귀를 드린 나귀 임자들

예수께서 이 말씀을 하시고 예루살렘을 향하여 앞서서 가시더라. 감람원이라는 산의 벳바게와 베다니에 가까이 왔을 때에 제자 중 둘을 보내시며 이르시되 너희 맞은편 마을로 가라. 그리로 들어가면 아직 아무 사람도 타 보지 않은 나귀 새끼의 매여 있는 것을 보리니 풀어 끌고 오너라. 만일 누가 너희에게 어찌하여 푸느냐 묻거든 이렇게 말하되 주가 쓰시겠다 하라 하시매 보내심을 받은 자들이 가서 그 말씀하신 대로 만난지라.

제자들이 나귀 새끼를 풀 때에 그 임자들이 이르되 어찌하여 나귀 새끼를 푸느냐고 묻자 제자들이 대답하되 주께서 쓰시겠다 하고 그것을 예수께로 끌고 와서 자기들의 겉옷을 나귀 새끼 위에 걸쳐 놓고 예수를 태우니 가실 때에 저희가 자기의 겉옷을 길에 펴더라. 이처럼 나귀의 임자들은 구세주 예수께 자신의 나귀를 드려 구세주를 모시는 복을 받았다[눅 19:28~36].

69. 낙원에 간 예수 한 편에 달린 행악자

예수와 함께 예수의 좌우에 달렸던 두 사람 중 하나는 예수를 경멸하는 사람을 꾸짖어 가로되 네가 동일한 정죄를 받고서도 하나님을 두려워 아니하느냐. 우리는 우리의 행한 일에 상당한 보응을 받는 것이니 이에 당연하거니와 이 사람의 행한 것은 옳지 않은 것이 없느니라 하고 가로되 예수여, 당신의 나라에 임하실 때에 나를 생각하소서 하니 예수께서 이르시되 내가 진실로 네게 이르노니 오늘 네가 나와 함께 낙원에 있으리라 하시니라. 이처럼 예수 한편에 십자가에 달렸던 행악자는 비록 죄를 지어 죽는 마지막 순간에라도 예수를 믿으므로 예수와 함께 낙원에 이르는 복을 받았다[눅 23:40~43].

70. 마리아의 지시를 순종하여 물이 포도주 되는 현장을 목격한 가나안 혼인잔치집의 하인들

갈릴리 가나에 혼인이 있어 예수의 어머니도 거기 계시고 예수와 그 제자들도 혼인에 청함을 받았더니 포도주가 모자란지라. 예수의 어머니가 예수에게 이르되 저희에게 포도주가 없다 하니 예수께서 가라사대 여자여, 나와 무슨 상관이 있나이까. 내 때가 아직 이르지 못하였다고 대답하였다. 그러나 예수의 어머니는 하인들에게 이르되 예수께서 너희에게 무슨 말씀을 하시든지 그대로 하라고 분부하니라.

거기 유대인의 결례를 따라 두세 통 드는 돌항아리 여섯이 놓였는지라. 예수께서 저희에게 이르시되 항아리에 물을 채우라 하신즉 아구까지 채우니 이제는 떠서 연회장에게 갖다 주라 하시매 갖다 주었더니 연회장은 물로 된 포도주를 맛보고 어디서 났는지 알지 못하되 물 떠온 하인들은 알더라. 이처럼 하인들은 예수의 말씀에 순종함으로 말미암아 물이 맛있는 포도주로 변하는 기적을 직접 목격하는 복을 받았다[요 2:1~9].

71. 예수를 만나 구원받고 예수를 동네 사람들에게 전파한 사마리아 여자

사마리아 여자 하나가 물을 길러 왔으매 예수께서 물을 좀 달라 하시니 이는 제자들이 먹을 것을 사러 동네에 들어갔음이러라. 사마리아 여자가 가로되 당신은 유대인으로서 어찌하여 사마리아 여자 나에게 물을 달라 하나이까 하니 이는 유대인이 사마리아인과 상종치 아니함이러라. 이에 예수께서 대답하여 가라사대 네가 만일 하나님의 선물과 또 네게 물 좀 달라 하는 이가 누구인 줄 알았더라면 네가 그에게 구하였을 것이요, 그가 생수를 네게 주었으리라. 여자가 가로되 주여, 물 길을 그릇도 없고 이 우물은 깊은데 어디서 이 생수를 얻겠습니까. 우리 조상 야곱이 이 우물을 우리에게 주었고 또 여기서 자기와 자기 아들들과 짐승이 다 먹었으니 당신이 야곱보다 더 크십니까라고 되물었다.

이에 예수께서 대답하여 가라사대 이 물을 먹는 자마다 다시 목마르려니와 내가 주는 물을 먹는 자는 영원히 목마르지 아니하리니 나의 주는 물은 그 속에서 영생하도록 솟아나는 샘물이 되리라 하셨다. 그러자 여자가 가로되 주여, 이런 물을 내게 주사 목마르지도 않고 또 여기 물 길러 오지도 않게 하옵소서라고 대답하였다. 예수께서 가라사대 가서 네 남편을 불러오라고 하자 여자가 대답하여 가로되 나는 남편이 없다고 대답하였다.

이에 예수께서 가라사대 네가 남편이 없다 하는 말이 옳도다. 네가 남편 다섯이 있었으나 지금 있는 자는 네 남편이 아니니 네 말이 참되도다라고 말씀하셨다. 여자가 가로되 주여, 내가 보니 선지자로소이다. 우리 조상들은 이 산에서 예배하였는데 당신들의 말은 예배할 곳이 예루살렘에 있다 하더이다라고 말하자 예수께서 가라사대 여자여 내 말을 믿으라. 이 산에서도 말고 예루살렘에서도 말고 너희가 아버지께 예배할 때가 이르리라. 너희는 알지 못하는 것을 예배하고 우리는 아는 것을 예배하노니 이는 구원이 유대인에게서 남이니라. 아버지께 참으로 예배하는 자들은 신령과 진정으로 예배할 때가 오나니 곧 이때라고 말씀하셨다.

그러면서 예수는 다시 아버지께서는 이렇게 자기에게 예배하는 자들을 찾으시느니라. 하나님은 영이시니 예배하는 자가 신령과 진정으로 예배할지니라. 여자가 가로되 메시야 곧 그리스도라 하는 이가 오실 줄을 내가 아노니 그가 오시면 모든 것을 우리에게 고하시리이다. 예수께서 이르시되 네게 말하는 내가 그로라 하시니라. 그러자 그 여자가 물동이를 버려두고 동네에 들어가서 사람들에게 이르되 나의 행한 모든 일을 내게 말한 사람을 와 보라. 이는 그리스도가 아니냐 하니 저희가 동네에서 나와 예수께로 오더라.

여자의 말이 그가 나의 행한 모든 것을 내게 말하였다 증거하므로 그 동네 중에 많은 사마리아인이 예수를 믿는지라. 사마리아인들이 예수께 와서 자기들과 함께 유하기를 청하니 거기서 이틀을 유하시매 예수의 말씀을 인하여 믿는 자가 더욱 많아 그 여자에게 말하되 이제 우리가 믿는 것은 네 말을 인함이 아니니 이는 우리가 친히 듣고 그가 참으로 세상의 구세주신 줄 앎이니라 하였더라. 이처럼 사마리아 여자는 예수를 만나 자신도 구원받고 예수를 동네 사람들에게 전파하여 그들도 함께 구원받게 하는 전도자가 되는 복을 받았다[요 4:7~42].

72. 예수께 자신의 아들의 죽어 가는 병을 고쳐달라고 간구한 왕의 신하의 믿음

예수께서 다시 갈릴리 가나에 이르시니 전에 물로 포도주를 만드신 곳이라. 왕의 신하가 있어 그 아들이 가버나움에서 병들었더니 그가 예수께서 유대로부터 갈릴리에 오심을 듣고 가서 청하되 내려오셔서 내 아들의 병을 고쳐주소서 하니 저가 거의 죽게 되었음이라. 이에 예수께서 가라사대 너희는 표적과 기사를 보지 못하면 도무지 믿지 아니하리라고 말씀하셨다.

그러자 신하가 가로되 주여 내 아이가 죽기 전에 내려오소서 하
니 예수께서 가라사대 가라, 네 아들이 살았다 하신대 그 사람이
예수의 하신 말씀을 믿고 가더니 내려가는 길에서 그 종들이 오다
가 만나서 아이가 살았다 하거늘 그 낫기 시작한 때를 물은즉 어
제 제 칠 시에 열기가 떨어졌나이다 하는지라. 아비가 예수께서 네
아들이 살았다 말씀하신 그때인 줄 알고 자기와 그 온 집이 다 예
수를 믿는 복을 받았다. 이것은 예수께서 유대에서 갈릴리로 오신
후 행하신 두 번째 표적이었다[요 4:46~54].

73. 낫기를 믿은 베데스다 연못가의 삼십팔 년 된 병자

예루살렘에 있는 양문 곁에 히브리말로 베데스다라 하는 못이 있
는데 거기 행각 다섯이 있고 그 안에 많은 병자들이 누웠고 거기 삼
십팔 년 된 병자가 있더라. 예수께서 그 누운 것을 보시고 병이 벌써
오랜 줄 아시고 이르시되 네가 낫고자 하느냐고 묻자 병자가 대답하
되 주여, 물이 동할 때에 나를 못에 넣어 줄 사람이 없어 내가 가는
동안에 다른 사람이 먼저 내려 가나이다라고 대답하였다. 이에 예수
께서 가라사대 일어나 네 자리를 들고 걸어가라 하시니 그 사람이
곧 나아서 자리를 들고 걸어가는 복을 받았다[요 5:2~9].

74. 자신의 것을 예수께 드려
오병이어의 기적을 일으킨 한 아이

여기 한 아이가 있어 보리떡 다섯 개와 물고기 두 마리를 가졌나이다. 그러나 그것이 이 많은 사람에게 얼마나 되겠습니까라고 말하였다. 이에 예수께서 가라사대 이 사람들로 앉게 하라 하신대 그곳에 잔디가 많은지라. 사람들이 앉으니 수효가 오천 명쯤 되더라.

예수께서 떡을 가져 축사하신 후에 앉은 자들에게 나눠 주시고 고기도 그렇게 저희의 원대로 주셨다. 저희가 배부른 후에 예수께서 제자들에게 이르시되 남은 조각을 거두고 버리는 것이 없게 하라 하시므로 이에 거두니 보리떡 다섯 개로 먹고 남은 조각이 열두 바구니에 찼더라. 그 사람들이 예수의 행하신 이 표적을 보고 말하되 이는 참으로 세상에 오실 그 선지자라 하더라. 이처럼 한 아이가 자신이 먹기 위해 사온 보리떡과 물고기를 예수께 드리므로 오병이어의 기적을 맛보는 복을 받았다[요 6:9~14].

75. 예수께 간구하여 죽은 나사로를 살린 마리아와 마르다의 믿음

어떤 병든 자가 있으니 이는 마리아와 그 형제 마르다의 촌 베다니에 사는 나사로라. 이 마리아는 향유를 주께 붓고 머리털로 주의 발을 씻기던 자요, 병든 나사로는 그의 오라비더라. 이에 그 누이들이 예수께 사람을 보내어 가로되 주여, 보시옵소서. 사랑하시는 자가 병들었나이다 하니 예수께서 들으시고 가라사대 이 병은 죽을병이 아니라 하나님의 영광을 위함이요, 하나님의 아들로 이를 인하여 영광을 얻게 하려 함이라 하시더라.

그 후 예수께서 와서 보시니 나사로가 무덤에 있은 지 이미 나흘이라. 베다니는 예루살렘에서 가깝기가 한 오 리쯤 되매 많은 유대인이 마르다와 마리아에게 그 오라비의 일로 위문하러 왔더니 예수께서 가라사대 나는 부활이요, 생명이니 나를 믿는 자는 죽어도 살겠고 무릇 살아서 나를 믿는 자는 영원히 죽지 아니하리니 이것을 네가 믿느냐고 물었다. 그러자 그 누이들이 가로되 주여 그러하외다. 주는 그리스도시요, 세상에 오시는 하나님의 아들이신 줄 내가 믿나이다. 이 말을 하고 돌아가서 가만히 그 형제 마리아를 불러 말하되 선생님이 오셔서 너를 부르신다 하니 마리아가 이 말을 듣고 급히 일어나 예수께 나아가매 예수는 아직 마을로 들어오지 아니하시고 마르다의 맞던 곳에 그저 계시더라.

예수께서 다시 속으로 통분히 여기시며 무덤에 가시니 무덤이 굴이라 돌로 막았거늘 예수께서 가라사대 돌을 옮겨 놓으라 하시니 그 죽은 자의 누이 마르다가 가로되 주여 죽은 지가 나흘이 되었으매 벌써 냄새가 난다고 말씀드렸다. 예수께서 가라사대 내 말이 네가 믿으면 하나님의 영광을 보리라 하지 아니하였느냐 하신대 돌을 옮겨 놓으니 예수께서 눈을 들어 우러러보시고 가라사대 아버지여 내 말을 들으신 것을 감사하나이다. 항상 내 말을 들으시는 줄을 내가 알았나이다. 그러나 이 말씀하옵는 것은 둘러선 무리를 위함이니 곧 아버지께서 나를 보내신 것을 저희로 믿게 하려함이니이다. 이 말씀을 하시고 큰 소리로 나사로야, 나오라 부르시니 죽은 자가 수족을 베로 동인 채로 나오는데 그 얼굴은 수건에 싸였더라. 예수께서 가라사대 풀어놓아 다니게 하라 하시니라. 이처럼 마리아와 마르다는 예수께 간구하여 죽었던 나사로가 다시 살아나는 기적을 직접 목격하는 복을 받았다[요 11:1~44].

76. 예수의 말씀을 순종하여 만선의 기쁨을 누린 베드로와 여섯 제자들

시몬 베드로와 디두모라 하는 도마와 갈릴리 가나 사람 나다나엘과 세베대의 아들들과 또 다른 제자 둘이 함께 있더니 시몬 베드로가 나는 물고기 잡으러 가노라 하매 저희가 우리도 함께 가겠다 하고 나가서 배에 올랐으나 이 밤에 아무것도 잡지 못하였다. 그러다 날이 새어갈 때에 예수께서 바닷가에 서셨으나 제자들이 예수이신 줄 알지 못하는지라. 예수께서 이르시되 얘들아 너희에게 고기가 있느냐고 묻자 대답하되 없나이다 하였다. 그러자 예수께서 가라사대 그물을 배 오른편에 던지라. 그리하면 얻으리라 하셨다. 이에 제자들이 예수의 말씀에 순종하여 예수께서 지시하는 대로 배 오른편에 그물을 던졌더니 고기가 많아 그물을 들 수 없게 되었더라.

예수의 사랑하시는 그 제자가 베드로에게 이르되 주시라 하니 시몬 베드로가 벗고 있다가 주라 하는 말을 듣고 겉옷을 두른 후에 바다로 뛰어 내리더라. 다른 제자들은 육지에서 상거가 불과 오십 간쯤 되므로 작은 배를 타고 고기 든 그물을 끌고 와서 육지에 올라 보니 숯불이 있는데 그 위에 생선이 놓였고 떡도 있더라. 예수께서 가라사대 지금 잡은 생선을 좀 가져오라 하신대 시몬 베드로가 올라가서 그물을 육지에 끌어 올리니 가득히 찬 고기 일백쉰세 마리나 되게 많이 잡으면서도 그물이 찢어지지 아니하는 복을 받았다[요 21:2~11].

77. 베드로로부터 병 고침을 받고 하나님을 찬미한 성전의 앉은뱅이

제 구 시 기도 시간에 베드로와 요한이 성전에 올라갈 새 나면서 앉은뱅이 된 자를 사람들이 메고 오니 이는 성전에 들어가는 사람들에게 구걸하기 위하여 날마다 미문이라는 성전 문에 두는 자라. 그가 베드로와 요한이 성전에 들어가려 함을 보고 구걸하거늘 베드로가 요한으로 더불어 주목하여 가로되 우리를 보라 하니 그가 저희에게 무엇을 얻을까 하여 바라보거늘 베드로가 가로되 은과 금은 내게 없거니와 내게 있는 것으로 네게 주노니 곧 나사렛 예수 그리스도의 이름으로 걸으라 하고 오른손을 잡아 일으키니 발과 발목이 곧 힘을 얻고 뛰어 서서 걸으며 그들과 함께 성전으로 들어가면서 걷기도 하고 뛰기도 하며 하나님을 찬미하니 모든 백성이 그 걷는 것과 및 하나님을 찬미함을 보고 그 본래 성전 미문에 앉아 구걸하던 사람인 줄 알고 그의 당한 일을 인하여 심히 기이히 여기며 놀라니라. 이처럼 성전 미문에서 구걸하던 앉은뱅이는 베드로의 말을 전적으로 신뢰하여 일어서 걷고 뛰는 복을 받았다[행 3:1~10].

78. 베드로와 사도들을 살린 교법사 가말리엘의 연설

저희가 듣고 크게 노하여 사도들을 없이 하고자 할 새 바리새인 가말리엘은 교법사로 모든 백성에게 존경을 받는 자라. 공회 중에 일어나 명하여 사도들을 잠깐 밖에 나가게 하고 말하되 이스라엘 사람들아 너희가 이 사람들에게 대하여 어떻게 하려는 것을 조심 하라. 이전에 드다가 일어나 스스로 자랑하매 사람이 약 사백이나 따르더니 그가 죽임을 당하매 좇던 사람들이 다 흩어져 없어졌고, 그 후 호적할 때에 갈릴리 유다가 일어나 백성을 꾀어 좇게 하다가 그도 망한즉 좇던 사람이 다 흩어졌느니라. 이제 내가 너희에게 말하노니 이 사람들을 상관 말고 버려두라. 이 사상과 이 소행이 사람에게로서 났으면 무너질 것이요, 만일 하나님께로서 났으면 너 희가 저희를 무너뜨릴 수 없겠고, 도리어 하나님을 대적하는 자가 될까 하노라 하니 저희가 옳게 여겨 사도들을 불러들여 채찍질하 며 예수의 이름으로 말하는 것을 금하고 놓으니 사도들은 그 이름 을 위하여 능욕 받는 일에 합당한 자로 여기심을 기뻐하면서 공회 앞을 떠나니라. 이처럼 교법사 가말리엘은 지혜로운 연설로 베드 로와 사도들을 살려 주어 그들이 예수를 계속해서 전할 수 있도록 하는 복을 받았다[행 5:33~40].

79. 예수를 증거 하는 설교를 하다 순교한 스데반

스데반이 은혜와 권능이 충만하여 큰 기사와 표적을 민간에게 행하고 리버디노 구레네인, 알렉산드리아인, 길리기아와 아시아에서 온 사람들의 회당이라는 각 회당에서 어떤 자들이 일어나 스데반으로 더불어 변론할 새 스데반이 지혜와 성령으로 말함을 저희가 능히 당치 못하여 백성과 장로와 서기관들을 충동시켜 와서 잡아 가지고 공회에 이르러 거짓 증인들을 세우니 가로되 이 사람이 이 거룩한 곳과 율법을 거슬러 말하기를 마지아니하는도다. 공회 중에 앉은 사람들이 다 스데반을 주목하여 보니 그 얼굴이 천사의 얼굴과 같더라.

스데반이 예수를 증거 하는 설교를 하면서 목이 곧고 마음과 귀에 할례를 받지 못한 사람들아 너희가 항상 성령을 거슬러 너희 조상과 같이 너희도 하는도다. 너희 조상들은 선지자 중에 누구를 핍박하지 아니하였느냐. 의인이 오시리라. 예고한 자들을 저희가 죽였고, 이제 너희는 그 의인을 잡아준 자요, 살인한 자가 되나니 너희가 천사의 전한 율법을 받고도 지키지 아니하였도다 하나라.

저희가 이 말을 듣고 마음에 찔려 저를 향하여 이를 갈거늘 스데반이 성령이 충만하여 하늘을 우러러 주목하여 하나님의 영광과 및 예수께서 하나님 우편에 서신 것을 보고 말하되 보라, 하늘이 열리고 인자가 하나님 우편에 서신 것을 보노라 한대 저희가 큰 소리를 지르며 귀를 막고 일심으로 그에게 달려들어 성 밖에 내치고 돌로 칠 새 증인들이 옷을 벗어 사울이라 하는 청년의 발 앞에 두니라. 저희가 돌로 스데반을 치니 스데반이 부르짖어 가로되 주 예수여, 내 영혼을 받으시옵소서 하고 무릎을 꿇고 크게 불러 가로되 주여, 이 죄를 저들에게 돌리지 마옵소서라는 말을 하고 자니라. 이처럼 스데반은 죽음의 위험을 무릅쓰고 예수를 증거 하는 설교를 하다 기독교 최초의 순교자가 되는 복을 받았다[행 6:8~7:60].

80. 그리스도인들을 죽이려다 회심하여 예수를 이방인과 임금들과 이스라엘 자손들 앞에 전하는 위대한 사도가 된 바울

스데반을 성 밖에 내치고 돌로 쳐서 죽일 때 증인들이 옷을 벗어 사울이라 하는 청년의 발 앞에 두니라. 사울이 스데반이 죽임 당함을 마땅히 여기더라. 사울이 교회를 잔멸할 새 각 집에 들어가 남녀를 끌어다가 옥에 넘기니라. 사울이 주의 제자들을 대하여 여전히 위협과 살기가 등등하여 대제사장에게 가서 다메섹 여러 회당에 갈 공문을 청하니 이는 만일 그 도를 좇는 사람을 만나면 무론 남녀하고 결박하여 예루살렘으로 잡아 오려 함이라. 사울이 행하여 다메섹에 가까이 가더니 홀연히 하늘로서 빛이 저를 둘러 비추는지라. 땅에 엎드러져 들으매 소리 있어 가라사대 사울아, 사울아, 네가 어찌하여 나를 핍박하느냐 하시거늘 대답하되 주여, 뉘 시옵니까라고 대답하였다. 그러자 예수께서 가라사대 나는 네가 핍박하는 예수라. 네가 일어나 성으로 들어가라. 행할 것을 네게 이를 자가 있느니라 하시니 같이 가던 사람들은 소리만 듣고 아무도 보지 못하여 말을 못하고 섰더라.

사울이 땅에서 일어나 눈은 떴으나 아무것도 보지 못하고 사람의 손에 끌려 다메섹으로 들어가서 사흘 동안을 보지 못하고 식음을 전폐하니라. 그때에 다메섹에 아나니아라 하는 제자가 있더니 예수께서 환상 중에 불러 가라사대 아나니아야, 하시거늘 대답하되 주여, 내가 여기 있나이다 하니 주께서 가라사대 일어나 직가라 하는 거리로 가서 유다 집에서 다소 사람 사울이라 하는 자를 찾으라. 저가 기도하는 중이다. 사울이라는 사람은 내 이름을 이방인과 임금들과 이스라엘 자손들 앞에 전하기 위하여 택한 나의 그릇이라. 그가 내 이름을 위하여 해를 얼마나 받아야 할 것을 내가 그에게 보이리라 하시니 아나니아가 떠나 그 집에 들어가서 그에게 안수하여 가로되 형제 사울아, 주 곧 네가 오는 길에서 나타나시던 예수께서 나를 보내어 너로 다시 보게 하시고 성령으로 충만하게 하신다 하니 즉시 사울의 눈에서 비늘 같은 것이 벗어져 다시 보게 된지라.

그 후 사울이 일어나 아나니아로부터 세례를 받고 음식을 먹으매 강건하여지니라. 사울이 다메섹에 있는 제자들과 함께 며칠 있을 새 사울은 힘을 더 얻어 예수를 그리스도라 증명하여 다메섹에 사는 유대인들을 굴복시키니라. 그 후로 사울은 바울이라는 이름으로 개명을 하고, 평생을 예수의 복음을 전파하기 위해 헌신하는 위대한 복음 전도자가 되었고, 많은 신약 성경을 기록하는 복을 받았다[행 7:8~9:22].

81. 빌립에게 세례를 받은 에디오피아 여왕 간다게의 내시

주의 사자가 빌립더러 일러 가로되 일어나서 남으로 향하여 예루살렘에서 가사로 내려가는 길까지 가라 하니 그 길은 광야라. 일어나 가서 보니 에디오피아 사람 곧 에디오피아 여왕 간다게의 모든 국고를 맡은 큰 권세가 있는 내시가 예배하러 예루살렘에 왔다가 돌아가는데 병거를 타고 선지자 이사야의 글을 읽더라. 성령이 빌립더러 이르시되 이 병거로 가까이 나아가라 하시거늘 빌립이 달려가서 선지자 이사야의 글 읽는 것을 듣고 말하되 읽는 것을 깨닫는지 물었고, 이에 내시가 대답하되 지도하는 사람이 없으니 어찌 깨달을 수 있겠느냐 하고 빌립을 청하여 병거에 올라 같이 앉으라 하니라.

빌립이 내시가 읽던 성경을 해석해 주고 예수를 가르쳐 복음을 전하니 길 가다가 물 있는 곳에 이르러 내시가 말하되 보라, 물이 있으니 내가 세례를 받음에 무슨 거리낌이 있겠느냐고 말하므로 이에 명하여 병거를 머물고 빌립과 내시가 둘 다 물에 내려가 빌립이 세례를 주고 둘이 물에서 올라갈 새 주의 영이 빌립을 이끌어 간지라. 내시는 흔연히 길을 가므로 그를 다시 보지 못하니라. 이처럼 에디오피아 여왕 간다게의 내시는 평소 하나님의 말씀을 깊이 묵상하던 중 빌립으로부터 직접 세례를 받는 복을 받았다[행 8:26~39].

82. 베드로를 만나 팔 년 된 중풍병을 고친 애니아

베드로가 사방으로 두루 행하다가 룻다에 사는 성도들에게도 내려갔더니 거기서 애니아라 하는 사람을 만나매 그가 중풍병으

로 상 위에 누운 지 팔 년이라. 베드로가 가로되 애니아야, 예수
그리스도께서 너를 낫게 하시니 일어나 네 자리를 정돈하라 한대
곧 일어나니 룻다와 사론에 사는 사람들이 다 그를 보고 주께로
돌아가니라. 이처럼 애니아는 팔 년 동안 중풍병으로 고생을 하였
으나 베드로를 만나므로 인하여 중풍병을 고침 받는 복을 받았다
[행 9:32~35].

83. 베드로 때문에 죽었다 살아난 선행과
구제하는 일이 심히 많았던 욥바 사람 여제자 다비다

욥바에 다비다라 하는 여제자가 있으니 그 이름을 번역하면 도르
가라. 선행과 구제하는 일이 심히 많더니 그때에 병들어 죽으매 시체
를 씻어 다락에 뉘우니라. 룻다가 욥바에 가까운지라. 제자들이 베
드로가 거기 있음을 듣고 두 사람을 보내어 지체 말고 오라고 간청
하니 베드로가 일어나 저희와 함께 가서 이르매 저희가 데리고 다락
에 올라가니 모든 과부가 베드로의 곁에 서서 울며 도르가가 저희와
함께 있을 때에 지은 속옷과 겉옷을 다 내어 보이거늘 베드로가 사
람을 다 내어 보내고 무릎을 꿇고 기도하고 돌이켜 시체를 향하여
가로되 다비다야, 일어나라 하니 그가 눈을 떠 베드로를 보고 일어

나 앉는 기적을 체험하는 복을 받았다[행 9:36~40].

84. 믿음으로 자신의 병을 고친 루스드라에 사는 앉은뱅이

루스드라에 발을 쓰지 못하는 한 사람이 있어 앉았는데 나면서 앉은뱅이 되어 걸어 본 적이 없는 자라. 바울의 말하는 것을 듣거늘 바울이 주목하여 구원받을 만한 믿음이 그에게 있는 것을 보고 큰 소리로 가로되 네 발로 바로 일어서라 하니 그 사람이 뛰어 걷게 되는 기적을 체험하는 복을 받았다[행 14:8~10].

85. 옥에서 기도하고 하나님을 찬송하다 지진이 나서 매인 것이 다 벗어진 바울과 실라

전도하다 붙들려 많이 맞고 깊은 옥에서 그 발을 착고에 든든히 채워져 있던 바울과 실라가 밤중쯤 되어 기도하고 하나님을 찬미하매 죄수들이 듣더라. 이에 홀연히 큰 지진이 나서 옥터가 움직이고 문이 곧 다 열리며 모든 사람의 매인 것이 다 벗어진지라. 간수가 자다가 깨어 옥문들이 열린 것을 보고 죄수들이 도망한 줄 생각하고 검을 빼어 자결하려 하거늘 바울이 크게 소리 질러 가로되 네 몸을 상하지 말라. 우리가 다 여기 있노라 하니 간수가 등불을 달라고 하며 뛰어 들어가 무서워 떨며 바울과 실라 앞에 부복하고 저희를 데리고 나가 가로되 선생들아, 내가 어떻게 하여야 구원을 얻으리이까 물었다. 이에 바울과 실라가 가로되 주 예수를 믿으라. 그리하면 너와 네 집이 구원을 얻으리라 하고 주의 말씀을 그 사람과 그 집에 있는 모든 사람에게 전하더라.

밤 그 시에 간수가 저희를 데려다가 그 맞은 자리를 씻기고 자기와 그 권속이 다 세례를 받은 후 저희를 데리고 자기 집에 올라가서 음식을 차려주고 저와 온 집이 하나님을 믿었으므로 크게 기뻐하니라. 날이 새매 상관들이 아전을 보내어 이 사람들을 놓으라 하니 간수가 이 말대로 바울에게 고하되 상관들이 사람을 보내어 너희를 놓으라 하였으니 이제는 나가서 평안히 가라 하였다. 이처럼 옥에 갇혔던 바울과 실라는 옥에서 기도하고 하나님을 찬송하다 지진이 나서 매인 것이 다 벗어지는 기적을 체험하는 복을 받았다[행 16:23~36].

86. 졸음 때문에 떨어져 죽었다 다시 살아난 유두고

우리의 모인 윗다락에 등불을 많이 켰는데 유두고라 하는 청년이 창에 걸터앉았다가 깊이 졸더니 바울이 강론하기를 더 오래 하매 졸음을 이기지 못하여 삼 층 누에서 떨어지거늘 일으켜 보니 죽었는지라. 바울이 내려가서 그 위에 엎드려 그 몸을 안고 말하되 떠들지 말라. 생명이 저에게 있다 하고 올라가 떡을 떼어 먹고 오랫동안 곧 날이 새기까지 이야기하고 떠나니라. 사람들이 살아난 아이를 데리고 와서 위로를 적지 않게 받았더라. 유두고는 비록 바울의 강론을 듣던 중 졸다 죽었으나 바울로 인해 다시 살아나는 기적을 체험하는 복을 받았다[행 20:8~12].

87. 바울의 안수를 받아 병을 고치게 된 보블리오의 부친

이 섬에 제일 높은 사람 보블리오라 하는 이가 그 근처에 토지가 있는지라. 그가 우리를 영접하여 사흘이나 친절히 유숙하게 하더니 보블리오의 부친이 열병과 이질에 걸려 누웠거늘 바울이 들어가서 기도하고 그에게 안수하여 낫게 하였더라. 이처럼 보블리오의 부친은 비록 열병과 이질에 걸렸으나 바울의 기도와 안수를 받아 낫는 복을 받았다[행 28:7~8].

88. 바울을 도와준 뵈뵈와 브리스가와 아굴라

내가 겐그레아 교회의 일군으로 있는 우리 자매 뵈뵈를 너희에게 천거하노니 너희가 주 안에서 성도들의 합당한 예절로 그를 영접하고 무엇이든지 그에게 소용되는 바를 도와줄지니 이는 그가 여러 사람과 나의 보호자가 되었음이니라. 너희가 그리스도 예수 안에서 나의 동역자들인 브리스가와 아굴라에게 문안하라. 저희는 내 목숨을 위하여 자기의 목이라도 내어놓았나니 나뿐 아니라 이방인의 모든 교회도 저희에게 감사하느니라. 이처럼 바울을 도와준 뵈뵈와 브리스가와 아굴라는 바울로부터 칭찬을 듣는 복을 받았다[행 16:1~4].

89. 아브라함을 만나 복을 빈 멜기세덱

그리로 앞서 가신 예수께서 멜기세덱의 반차를 좇아 영원히 대제사장이 되어 우리를 위하여 들어가셨느니라. 이 멜기세덱은 살렘 왕이요, 지극히 높으신 하나님의 제사장이라. 여러 임금을 쳐서 죽이고 돌아오는 아브라함을 만나 복을 빈 자라. 아브라함이 일체 십분의 일을 그에게 나눠 주니라. 그 이름을 번역한즉 첫째 의의 왕이요, 또 살렘 왕이니 곧 평강의 왕이요, 아비도 없고 어미도 없고 족보도 없고 시작한 날도 없고 생명의 끝도 없어 하나님 아들과 방불하여 항상 제사장으로 있느니라. 이 사람의 어떻게 높은 것을 생각하라. 조상 아브라함이 노략물 중 좋은 것으로 십분의 일을 저에게 주었느니라. 레위의 아들들 가운데 제사장의 직분을 받는 자들이 율법을 좇아 아브라함의 허리에서 난 자라도 자기 형제인 백성에게서 십분의 일을 취하라는 명령을 가졌으나 레위 족보에 들지 아니한 멜기세덱은 아브라함에게서 십분의 일을 취하고 그 약속 얻은 자를 위하여 복을 빌었다. 이로써 멜기세덱은 믿음의 조상 아브라함에게 복을 빌어 주어 아브라함으로부터 십일조를 받는 복을 받았다[히 6:20~6].

90. 믿음으로 복을 받은 사람들

1) 아벨

믿음으로 아벨은 가인보다 더 나은 제사를 하나님께 드림으로 의로운 자라 하시는 증거를 얻었으니 하나님이 그 예물에 대하여 증거 하심이라. 저가 죽었으나 그 믿음으로써 오히려 말하였다[히 11:4].

2) 에녹

믿음으로 에녹은 죽음을 보지 않고 옮겨졌으니 하나님이 저를 옮기심으로 다시 보이지 아니하니라. 저는 옮겨지기 전에 하나님을 기쁘시게 하는 자라 하는 증거를 받았다[히 11:5].

3) 노아

믿음으로 노아는 아직 보지 못하는 일에 경고하심을 받아 경외함으로 방주를 예비하여 그 집을 구원하였으니 이로 말미암아 세상을 정죄하고 믿음을 좇는 의의 후사가 되었다[히 11:7].

4) 아브라함

믿음으로 아브라함은 부르심을 받았을 때에 순종하여 장래 기업으로 받을 땅에 나갈 새 갈 바를 알지 못하고 나갔으며 믿음으로 저가 외방에 있는 것같이 약속하신 땅에 우거하여 동일한 약속을 유업으로 함께 받은 이삭과 야곱으로 더불어 장막에 거하였으니 이는 하나님의 경영하시고 지으실 터가 있는 성을 바랐음이니라[히 11:8~10]. 아브라함은 시험을 받을 때에 믿음으로 이삭을 드렸으니 저는 약속을 받은 자로되 그 독생자를 드리므로 하나님으로부터 믿음의 조상이라는 명칭을 얻는 복을 받았다[히 11:17].

5) 사라

믿음으로 사라 자신도 나이 늙어 단산하였으나 잉태하는 힘을 얻었으니 이는 약속하신 이를 미쁘신 줄 앎이라. 이러므로 죽은 자와 방불한 한 사람으로 말미암아 하늘에 허다한 별과 또 해변의 무수한 모래와 같이 많이 생육하여 믿음의 어미라는 명칭을 얻는 복을 받았다[히 11:11~12].

6) 이삭

믿음으로 이삭은 장차 오는 일에 대하여 야곱과 에서에게 축복하였다[히 11:20].

7) 야곱

믿음으로 야곱은 죽을 때에 요셉의 각 아들에게 축복하고 그 지팡이 머리에 의지하여 경배하였다[히 11:21].

8) 요셉

믿음으로 요셉은 임종 시에 이스라엘 자손들의 떠날 것을 말하고 또 자기 해골을 위하여 명하였다[히 11:22].

9) 모세

믿음으로 모세가 났을 때에 그 부모가 아름다운 아이임을 보고 석 달 동안 숨겨 임금의 명령을 무서워 아니하였으며 믿음으로 모세는 장성하여 바로의 공주의 아들이라 칭함을 거절하고 도리어 하나님의 백성과 함께 고난받기를 잠시 죄악의 낙을 누리는 것보다 더 좋아하고 그리스도를 위하여 받는 능욕을 애굽의 모든 보화보다 더 큰 재물로 여겼으니 이는 상 주심을 바라봄이라. 믿음으로 애굽을 떠나 임금의 노함을 무서워 아니하고 곧 보이지 아니하는 자를 보는 것같이 하여 참았으며 믿음으로 유월절과 피 뿌리는 예를 정하였으니 이는 장자를 멸하는 자로 저희를 건드리지 않게 하려 한 것이며 믿음으로 저희가 홍해를 육지같이 건너는 기적을 체험하였다[히 11:23~30].

10) 기생 라합

믿음으로 기생 라합은 정탐군을 평안히 영접하였으므로 순종치 아니한 자와 함께 멸망치 아니하였다[히 11:31].

11) 기드온

믿음으로 기드온은 삼백용사로 미디안 군대를 물리치고 여러 명의 미디안 왕들을 죽여 이스라엘 민족을 지켰다[삿 6:11~8:32]

12) 삼손

믿음으로 삼손은 하나님께 바치운 나실인이 되어 블레셋 사람의

손에서 이스라엘을 구원하였다[삿 13:5~15:20]

13) 입다

입다는 믿음으로 이스라엘의 사사가 되어 암몬 족속을 무찌르고 이스라엘을 지켰다[삿 11:1~12:7].

14) 다윗

믿음으로 다윗은 여러 번이나 자신을 죽이려는 사울을 죽일 수 있었음에도 불구하고 하나님의 기름부음 받은 사울을 자신의 손으로 해칠 수 없다는 믿음으로 살려 줌으로 인해 사울의 뒤를 이은 왕이 되었다[삼상 16:12~왕상 2:11].

15) 사무엘

믿음으로 사무엘은 하나님의 말씀대로 사울 왕과 다윗 왕에게 기름을 부어 왕으로 세우며 하나님의 신실한 선지자가 되었다[삼상 3:19~4:1].

제2장

실패한 사람들의 특징

하나님께서는 우리의 형상을 따라 우리의 모양대로 우리가 사람을 만들고 그로 바다의 고기와 공중의 새와 육축과 온 땅과 땅에 기는 모든 것을 다스리게 하자 하시고 하나님이 자기 형상 곧 하나님의 형상대로 사람을 창조하시되 남자와 여자를 창조하시고 하나님이 그들에게 복을 주시며 그들에게 이르시되 "생육하고 번성하여 땅에 충만하라. 땅을 정복하라. 바다의 고기와 공중의 새와 땅에 움직이는 모든 생물을 다스리라" 하시고, "내가 온 지면의 씨 맺는 모든 채소와 씨 가진 열매 맺는 모든 나무를 너희에게 주노니 너희 식물이 되리라. 또 땅의 모든 짐승과 공중의 모든 새와 생명이 있어 땅에 기는 모든 것에게는 내가 모든 푸른 풀을 식물로 주노라" 하시니 그대로 되었고, 하나님이 그 지으신 모든 것을 보시고 심히 좋았더라고 말씀하셨다.

이렇듯 하나님께서는 우리 인류에게 엄청난 큰 복을 주셨음에도 불구하고 우리 인류의 시조인 아담과 하와는 하나님께서 베풀어 주신 큰 복은 누리지 못하고 따 먹지 말라는 하나님의 유일한 말씀을 불순종하여 선악과를 따 먹는 원죄를 지은 것을 시작으로 성경에는 많은 실패한 인물들이 등장한다.

이에 성경 전체를 통해 실패한 사람들의 특징을 살펴보고 이를 타산지석으로 삼고자 한다. 이제 실패한 사람들을 만나 보자.

1. 하나님의 말씀을 불순종한 아담과 하와

하와는 동산 각종 나무의 실과는 네가 임의로 먹되 선악을 알게 하는 나무의 실과는 먹지 말라. 네가 먹는 날에는 정녕 죽으리라는 하나님의 말씀이 있었음에도 하나님이 지으신 들짐승 중에 가장 간교한 뱀으로부터 하나님이 참으로 너희더러 동산 모든 나무의 실과를 먹지 말라 하시더냐는 말에 유혹을 받자 동산 나무의 실과를 우리가 먹을 수 있으나 동산 중앙에 있는 나무의 실과는 하나님의 말씀에 너희는 먹지도 말고 만지지도 말라. 너희가 죽을까 하노라며 먹는 날에는 정녕 죽으리라는 하나님의 말씀을 죽을까 하노라며 변질시켰다.

그러자 뱀이 하와에게 너희가 그것을 먹는 날에는 너희 눈이 밝아 하나님과 같이 되어 선악을 알 줄을 하나님이 아심이라며 재차 유혹하자, 그 말을 들은 하와가 그 나무를 본즉 먹음직도 하고 보암직도 하고 지혜롭게 할 만큼 탐스럽기도 하여 그 실과를 따먹었다. 그런 뒤 하와는 자기와 함께한 남편인 아담에게도 그 실과를 주어 아담도 그 실과를 먹었고 그들의 눈이 밝아 자기들의 몸이 벗은 줄을 알고 무화과나무 잎을 엮어 치마를 하였다.

그 후 동산에 거니시는 하나님의 음성을 듣고 아담과 그 아내인

하와가 하나님의 낯을 피하여 동산 나무 사이에 숨었다. 하나님께서 아담을 부르시며 그에게 이르시되 네가 어디 있느냐고 묻자 아담이 내가 동산에서 하나님의 소리를 듣고 내가 벗었으므로 두려워하여 숨었나이다라고 대답하였다. 하나님께서 가라사대 누가 너의 벗었음을 네게 고하였느냐. 너더러 먹지 말라 명한 그 나무 실과를 네가 먹었느냐고 물으시자 아담이 가로되 하나님이 주셔서 나와 함께하게 하신 여자 그가 그 나무 실과를 내게 주므로 내가 먹었나이다라며 하나님의 말씀을 불순종한 사실을 인정하였다.

하나님께서 하와에게 이르시되 네가 어찌하여 이렇게 하였느냐고 물으셨는데, 하와도 뱀이 나를 꾀므로 내가 먹었나이다라며 하나님의 말씀을 불순종한 사실을 인정하였다.

이에 하나님께서는 하와에게는 내가 네게 잉태하는 고통을 크게 더하리니 네가 수고하고 자식을 낳을 것이며 너는 남편을 사모하고 남편은 너를 다스릴 것이라고 말씀하셨고, 아담에게는 네가 네 아내의 말을 듣고 내가 너더러 먹지 말라 한 나무 실과를 먹었은즉 땅은 너로 인하여 저주를 받고 너는 종신토록 수고하여야 그 소산을 먹으리라. 땅이 네게 가시덤불과 엉겅퀴를 낼 것이라. 너의 먹을 것은 밭의 채소인즉 네가 얼굴에 땀이 흘러야 식물을 먹고 필경은 흙으로 돌아가리니 그 속에서 네가 취함을 입었음이라. 너는 흙이니 흙으로 돌아갈 것이라고 말씀하셨다[창 3:1~19]. 이처럼 아담과 하와는 하나님의 말씀을 불순종함으로 인해 자신들은 물론 땅까지 저주를 받게 만든 불행을 초래하였다.

2. 책임을 서로에게 전가한 아담과 하와

뱀의 유혹에 빠져 하나님께서 먹지 말라고 하신 선악과를 먹은 하와는 자기와 함께한 남편인 아담에게도 그 실과를 주어 아담도 그 실과를 먹었고 그들의 눈이 밝아 자기들의 몸이 벗은 줄을 알고 무화과나무 잎을 엮어 치마를 하였다.

그 후 동산에 거니시는 하나님의 음성을 듣고 아담과 그 아내인 하와가 하나님의 낯을 피하여 동산 나무 사이에 숨었다. 하나님께서 아담을 부르시며 그에게 이르시되 네가 어디 있느냐고 묻자 아담이 내가 동산에서 하나님의 소리를 듣고 내가 벗었으므로 두려워하여 숨었나이다라고 대답하였다. 하나님께서 가라사대 누가 너의 벗었음을 네게 고하였느냐. 너더러 먹지 말라 명한 그 나무 실과를 네가 먹었느냐고 물으시자 아담이 가로되 하나님이 주셔서 나와 함께하게 하신 여자 그가 그 나무 실과를 내게 주므로 내가 먹었나이다라며 하나님의 말씀을 불순종한 사실은 인정하였다.

그러나 아담은 자신이 하나님의 말씀을 불순종한 이유에 대해서는 자신이 잘못하였다고 고백하지 않았을 뿐만 아니라 하나님께서 하와를 만드신 후 자신에게 처음 데리고 왔을 때는 내 뼈 중의 뼈요, 살 중의 살이라고 살가워하였던 하와를 이제는 하나님이 주셔서 나와 함께하신 여자라고 부르며 그가 그 나무 실과를 내게 주므로 내가 먹었나이다라며 자신의 불순종의 책임을 아내에게 전가하는 비겁한 태도를 보였다.

그러자 하나님께서는 다시 하와에게 이르시되 네가 어찌하여 이렇게 하였느냐고 물으셨는데, 하와도 아담처럼 하나님의 말씀을 불순종한 이유에 대해서 자신이 잘못하였다고 고백하지 않고 뱀이 나를 꾀므로 내가 먹었나이다라며 하나님의 말씀을 불순종한 책임을 뱀에게 전가하는 비겁한 태도를 보였다[창 3:8~13]. 이처럼 아담과 하와는 자신들의 책임을 서로 다른 대상에게 전가하는 모습을 보여 동산에서 쫓겨나는 불행을 초래하였다.

3. 분을 내어 동생을 죽인 가인

가인은 농사하는 자로 자신이 지은 땅의 소산으로 제물을 삼아 하나님께 드렸으나 하나님께서 아벨의 제물은 열납하시고 자신의 제물은 열납하지 아니하시자 심히 분하여 안색이 변하였다. 이에 하나님께서 가인에게 네가 분하여 함은 어찜이며 안색이 변함은 어찜이뇨. 네가 선을 행하면 어찌 낯을 들지 못하겠느냐. 선을 행치 아니하면 죄가 문에 엎드리느니라. 죄의 소원은 네게 있으나 너는 죄를 다스릴지니라 말씀하셨다.

그러자 가인은 질투심으로 인해 분을 내어 들에서 그 아우 아벨을 쳐 죽였고, 이를 아신 하나님께서 가인에게 네가 무엇을 하였느냐. 네 아우의 핏소리가 땅에서부터 내게 호소하느니라. 땅이 그 입을 벌려 네 손에서부터 네 아우의 피를 받았은즉 네가 땅에서 저주를 받으리니 네가 밭을 갈아도 땅이 다시는 그 효력을 네게 주지 아니할 것이요, 너는 땅에서 피하며 유리하는 자가 되리라고 말씀하셨다[창 4:2~12]. 이처럼 가인은 질투심으로 분을 냄으로 인해 자신의 동생을 쳐 죽여 인류 최초의 살인자가 되었을 뿐만 아니라 땅에서 저주를 받았다.

4. 아버지의 허물을 형제들에게 고한 함

가나안의 아비 함은 노아의 둘째 아들로 태어나 아버지인 노아가 포도주를 마시고 취하여 그 장막 안에서 벌거벗고 자는 아버지의 하체를 보고 밖으로 나가서 두 형제에게 고하매 셈과 야벳이 옷을 취하여 자기들의 어깨에 메고 뒷걸음쳐 들어가서 아비의 하체에 덮었으며 그들이 얼굴을 돌이키고 그 아비의 하체를 보지 아니하였다. 노아가 술이 깨어 함이 자기에게 행한 일을 알고 가나안은 저주를 받아 그 형제의 종들의 종이 되기를 원한다는 저주를 받았다[창 9:20~25].

5. 눈에 보기에 좋은 곳을 선택한 롯

롯은 많은 재물로 인해 아브라함과 헤어질 당시 요단 들을 바라본즉 소알까지 온 땅에 물이 넉넉하니 하나님께서 소돔과 고모라를 멸하시기 전이었는 고로 하나님의 동산 같고 애굽땅과 같이 눈에 보기에 좋은 요단 온 들을 택하여 동으로 옮겼다.

그 후 롯은 자신이 거주하던 소돔에서 사로잡히고 재물까지 노략당하였으나 아브라함의 도움으로 구원을 받기도 하였다. 결국 하나님의 진노로 자신이 거주하던 소돔과 고모라가 유황과 불로 멸망당하였고, 그나마 아브라함의 기도와 하나님의 은혜로 아내와 두 딸과 함께 멸망하는 소돔에서 탈출을 하게 되지만 아내는 뒤를 돌아본 고로 소금 기둥이 되었고, 두 딸들과도 동침하여 아들을 낳는 비참한 결과를 초래하였다[창 13:10~19:38].

6. 아버지의 침상에 오른 르우벤

르우벤은 야곱의 장자였으나 그 서모인 빌하와 통간하는 범죄를 저질렀다. 그로 인해 아버지 야곱으로부터 위광이 초등하고 권력이 탁월하였지만 물의 끓음 같았은즉 탁월치 못하고 아버지의 침상에 올라 더럽혔다는 예언을 들었으며 결국 장자 역할을 하지 못하는 비운의 사람이 되었다[창 35:22, 49:3~4].

7. 하나님 목전에 악했던 사람들

1) 엘

유다의 장자 엘은 하나님 목전에 악을 행하므로 하나님께서 그를 죽이셨다[창 38:7].

2) 오난

유다의 차자 오난은 아버지인 유다가 네 형수인 다말에게로 들어가서 남편의 아우의 본분을 행하여 네 형을 위하여 씨가 있게 하라고 하였으나 오난이 그 씨가 자기 것이 되지 않을 줄 알므로 형수인 다말에게 들어갔을 때에 형에게 아들을 얻게 아니하려고 땅에 설정하매 그 일이 하나님 목전에 악하여 하나님께서 그도 죽이셨다[창 38:8~10].

8. 팥죽 한 그릇에 장자의 명분을 팔아버린 에서

야곱이 죽을 쑤었더니 에서가 들에서부터 돌아와서 심히 곤비하여 야곱에게 이르되 내가 곤비하니 그 붉은 것을 나로 먹게 하라한지라. 그러므로 에서의 별명은 에돔이더라. 야곱이 가로되 형의장자의 명분을 오늘날 내게 팔라. 에서가 가로되 내가 죽게 되었으니 이 장자의 명분이 내게 무엇이 유익하리오. 야곱이 가로되 오늘내게 맹세하라. 에서가 맹세하고 장자의 명분을 야곱에게 판지라.야곱이 떡과 팥죽을 에서에게 주매 에서가 먹으며 마시고 일어나서 갔으니 에서가 장자의 명분을 경홀히 여김이었더라.

그 후 이삭이 나이 많아 눈이 어두워 잘 보지 못하게 되어 아들에서에게 축복하기 위해 사냥을 해서 자신에게 별미를 만들어 주면 축복을 해 주겠다는 말을 듣고 사냥을 나간 에서를 대신하여어머니 리브가가 준비한 별식을 가지고 아버지 이삭으로부터 야곱이 대신 축복을 받았다. 야곱이 그 아비 이삭 앞에서 나가자 곧 그형 에서가 사냥하여 돌아온지라. 그가 별미를 만들어 아비에게로가지고 가서 가로되 아버지여, 일어나서 아들의 사냥한 고기를 잡수시고 마음껏 내게 축복하소서 한지라.

그러자 그 아비 이삭이 에서에게 이르되 너는 누구냐고 물었고,에서가 대답하되 나는 아버지의 아들 곧 아버지의 맏아들 에서라고 대답하였다. 이에 이삭이 심히 크게 떨며 가로되 그런즉 사냥한고기를 내게 가져온 자가 누구냐, 너 오기 전에 내가 다 먹고 그를 위하여 축복하였은즉 그가 정녕 복을 받을 것이라고 말하였다. 에서가 그 아비의 말을 듣고 방성대곡하며 아비에게 이르되 내 아버지여 내게 축복하소서, 내게도 그리하소서라고 애원하였으나 이삭이 가로되 네 아우가 간교하게 와서 네 복을 빼앗았다고만 말하였다. 그러자 에서가 가로되 그의 이름을 야곱이라 함이 합당치 아니하니이까. 그가 나를 속임이 이것이 두 번째니이다. 전에는 나의 장자의 명분을 빼앗고 이제는 내 복을 빼앗았나이다라고 말하였다.

에서가 또 가로되 아버지께서 나를 위하여 빌 복을 남기지 아니하셨나이까 하자 이삭이 에서에게 대답하여 가로되 내가 그를 너의 주로 세우고 그 모든 형제를 내가 그에게 종으로 주었으며 곡식과 포도주를 그에게 공급하였으니 내 아들아, 내가 네게 무엇을 할 수 있겠느냐고 말하자 에서가 아비에게 이르되 내 아버지여, 아버지의 빌 복이 이 하나뿐이리이까. 내 아버지여, 내게 축복하소서. 내게도 그리 하소서 하고 소리를 높여 우니 그 아비 이삭이 그에게 대답하여 가로되 너의 주소는 땅의 기름짐에서 뜨고 내리는 하늘 이슬에서 뜰 것이며 너는 칼을 믿고 생활하겠고 네 아우를 섬길 것이며 네가 매임을 벗을 때에는 그 멍에를 네 목에서 떨쳐 버리리라는 말만 하였다[창 25:29~27:40]. 이처럼 에서는 장자의 명분을 경홀히 여김으로 인해 결국 장자의 축복권을 동생인 야곱에게 뺏기게 되었다.

9. 잘못 드린 제사로 죽은 나답과 아비후

제사장 아론의 아들이었던 나답과 아비후는 각기 향로를 가져다가 하나님이 명하시지 않은 다른 불을 담아 하나님 앞에 분향하다가 불이 하나님 앞에서 나와 그들을 삼키매 그들이 하나님 앞에서 죽었다[레 10:1,2].

10. 원망함

1) 광야에서의 일부 이스라엘 백성들

광야 생활 중 일부 이스라엘 백성들이 하나님의 들으시기에 악한 말로 원망하매 하나님께서 들으시고 불로 그들 중에 붙어서 진 끝을 사르게 하셨다. 이에 백성이 모세에게 부르짖으므로 모세가 하나님께 기도하니 불이 꺼졌더라. 그곳 이름을 다베라라 칭하였으니 이는 하나님의 불이 그들 중에 붙은 연고였더라[민 11:1~3]

2) 반역한 고라와 그 무리의 일로 원망한 이스라엘 자손 14,700명

광야 생활 중 모세를 반역한 고라와 그 무리가 죽은 일로 이스라엘 자손 14,700명이 모세와 아론을 원망하여 너희가 하나님의 백성을 죽였도다 하고 모세와 아론을 칠 때에 하나님께서 진노하시어 염병이 시작되어 모세와 아론에게 원망한 이스라엘 자손 14,700명이 죽임을 당하였다[민 16:41~49].

3) 길로 인해 마음이 상하여 모세를 원망한 다수의 이스라엘 백성

이스라엘 백성들이 광야 생활 중 호르산에서 진행하여 홍해 길로 좇아 에돔 땅을 둘러 행하려 하였다가 길로 인하여 백성의 마음이 상하자 백성이 하나님과 모세를 향하여 원망하되 어찌하여 우리를 애굽에서 인도하여 올려서 이 광야에서 죽게 하는고. 이곳에는 식물도 없고 물도 없도다. 우리 마음이 박한 식물을 싫어하노라 하매 하나님께서 불뱀들을 백성 중에 보내어 백성을 물게 하시므로 이스라엘 백성 중에 죽은 자가 많았다[민 21:4~6].

11. 탐욕으로 죽은 광야에서의 일부 이스라엘 백성들

광야 생활 중 일부 이스라엘 백성들이 탐욕을 부리다 하나님께서 백성에게 대하여 진노하사 심히 큰 재앙으로 치셨으므로 그곳 이름을 기브롯 핫다아와라 칭하였으니 탐욕을 낸 백성을 거기 장사함이었더라[민 11:33~34]

12. 지도자를 비방한 미리암과 아론

모세가 구스 여자를 취하였더니 그 구스 여자를 취하였으므로 미리암과 아론이 모세를 비방하니라. 그들이 이르되 하나님께서 모세와만 말씀하셨느냐. 우리와도 말씀하지 아니하셨느냐 하매 하나님께서 이 말을 들으시고 하나님께서 갑자기 모세와 아론과 미리암에게 회막으로 나아오라 하신 후 구름 기둥 가운데로서 강림하사 장막문에 서시고 아론과 미리암을 부르시어 너희가 어찌하여 내 종 모세 비방하기를 두려워 아니하느냐고 하시며 그들을 향하여 진노하시고 떠나시자 미리암이 문둥병이 들려 눈과 같이 되었다[민 12:1~10].

13. 불신의 보고를 한 여호수아와 갈렙을 제외한
나머지 열 지파에 속한 정탐꾼들

여호수아와 갈렙을 제외한 나머지 열 지파에 속한 정탐꾼들은 사십 일 동안 가나안 땅을 정탐한 후 모세에게 돌아와 가나안 땅을 악평하여 거민을 삼키는 땅이요, 거기서 본 모든 백성은 신장이 장대한 자들이며 거기서 또 네피림 후손 아낙 자손 대장부들을 보았나니 우리는 스스로 보기에도 메뚜기 같으니 그들의 보기에도 그와 같았을 것이라며 이스라엘 민족들에게 낙심되는 불신의 보고를 하였다.

그로 인해 결국 이스라엘 자손이 다 모세와 아론을 원망하며 온 회중이 그들에게 이르되 우리가 애굽 땅에서 죽었거나 이 광야에서 죽었더라면 좋았을 것을 어찌하여 하나님이 우리를 그 땅으로 인도하여 칼에 망하게 하려 하는고. 우리 처자가 사로잡히리니 애굽으로 돌아가는 것이 낫겠다고 불평을 하며 한 장관을 세우고 애굽으로 돌아가자고 하였고, 결국 훗날 자신들의 말대로 젖과 꿀이 흐르는 가나안 땅에 들어가지 못하고 광야에서 모두 다 죽었다[민 13:1~14:4, 14:36~37].

14. 안식일에 나무한 사람

이스라엘 자손이 광야에 거할 때에 안식일에 어떤 사람이 나무하는 것을 발견한지라. 그 나무하는 자를 발견한 자들이 그를 모세와 아론과 온 회중의 앞으로 끌어 왔으나 어떻게 처치할는지 지시하심을 받지 못한 고로 가두었더니 하나님께서 모세에게 이르시되 그 사람을 반드시 죽일지니 온 회중이 진 밖에서 돌로 그를 치라고 명령하셨다. 이에 이스라엘 온 회중이 곧 그를 진 밖으로 끌어내고 돌로 그를 쳐 죽여서 하나님께서 모세에게 명하신 대로 하니라[민 15:32~36].

15. 반역한 고라와 다단과 아비람과 온과 족장 이백오십 인들

출애굽을 한 후 광야를 횡단하고 있던 이스라엘 백성들 중 레위의 증손 고핫의 손자 이스할의 아들 고라와 르우벤 자손 엘리압의 아들 다단과 아비람과 벨렛의 아들 온이 당을 짓고 이스라엘 자손 총회에 택함을 받은 자 곧 회중에 유명한 어떤 족장 이백오십 인과 함께 모세를 거스르다 하나님으로부터 땅이 그 입을 열어 그들과 그 가족과 고라에게 속한 모든 사람과 그 물건을 삼키매 그들

과 그 모든 소속이 산 채로 음부에 빠지며 땅이 그 위에 합하니 그
들이 총회 중에서 망하였고, 하나님께로서 불이 나와 분향하는 족
장 이백오십 인을 소멸하였다[민 16:1~35].

16. 모압 여인들과 음행한 이스라엘 남자 4,000명

이스라엘 민족들이 싯딤에 머물 때에 그 백성들이 모압 여자들
과 음행하다 하나님께 진노를 받아 염병으로 이스라엘 남자 4,000
명이 죽었다[민 25:1~9].

17. 하나님께 바친 물건을 취한 아간
(유다 지파 세라의 증손 삽디의 손자 갈미의 아들)

이스라엘 민족들이 여리고성을 무너뜨린 후 유다 지파 세라의
증손 삽디의 손가 갈미의 아들인 아간이 이스라엘 자손들이 바친
물건 중 시날 산의 아름다운 외투 한 벌과 은 이백 세겔과 오십 세
겔 중의 금덩이 하나를 취하고 도적하고 사기하여 자기 기구 가운

데 둠으로 인해 하나님께서 이스라엘 민족에게 진노하셔서 이스라엘 민족이 아이성 전투에서 패하게 되었다.

이로 인해 여호수아가 하나님의 지시로 아간을 아골 골짜기로 데려가 온 이스라엘이 아간과 그 아들들과 딸들과 소들과 나귀들과 양들과 장막과 그에게 속한 모든 것과 함께 그들을 돌로 치고 그것들도 돌로 치고 불사르고 그 위에 돌 무더기를 크게 쌓아 오늘날까지 있는데 그곳 이름을 아골 골짜기라 부른다[수 7:1~26].

18. 이스라엘 민족을 대적한 왕들

1) 예루살렘 왕 아도니세덱 등

여호수아가 아이를 취하여 진멸하되 여리고와 그 왕에게 행한 것같이 아이와 그 왕에게 행한 것과 또 기브온 거민이 이스라엘과 화친하여 그중에 있다 함을 예루살렘 왕 아도니세덱이 듣고 크게 두려워하여 헤브론 왕 호함과 야르뭇 왕 비람과 라기스 왕 야비아와 에글론 왕 드빌에게 보내어 가로되 내게로 올라와 나를 도우라. 우리가 기브온을 치자. 이는 기브온이 여호수아와 이스라엘 자손으로 더불어 화친하였음이니라 하였다. 이러므로 아모리 다섯 왕 곧 예루살렘 왕과 헤브론 왕과 야르뭇 왕과 라기스 왕과 에글론 왕이 함께 모여 자기들의 모든 군대를 거느리고 올라와서 기브온에 대진하고 싸웠다. 이때 하나님께서 하늘에서 큰 덩이 우박을 내리시는가 하면 이스라엘 백성들이 칼로 다섯 왕의 연합군들을 무찌르기까지 태양이 중천에 머물러 종일토록 내려가지 아니하였다.

그 다섯 왕이 도망하여 막게다의 굴에 숨었다가 이를 발견한 여호수아가 가로되 굴 어귀를 열고 그 굴에서 그 다섯 왕을 내게로 끌어내라 하매 그들이 그대로 하여 그 다섯 왕을 굴에서 끌어내었다. 여호수아가 이스라엘 모든 사람을 부르고 자기와 함께 갔던 군장들에게 이르되 가까이 와서 이 왕들의 목을 발로 밟으라고 명령하자 이스라엘 모든 사람들이 가까이 와서 그들의 목을 밟았다. 여호수아가 군장들에게 이르되 두려워 말며 놀라지 말고 마음을 강하게 하고 담대히 하라. 너희가 더불어 싸우는 모든 대적에게 하나님께서 다 이와 같이 하시리라 하고 그 후에 여호수아가 그 왕들을 쳐 죽여 다섯 나무에 매어 달고 석양까지 나무에 달린 대로 두었다가 해 질 때에 여호수아가 명하매 그 시체를 나무에서 내리어 그들의 숨었던 굴에 들여 던지고 굴 어귀를 큰 돌로 막았더니 오늘날까지 있더라[수 10:1~27].

2) 하솔왕 야빈 등

하솔 왕 야빈이 여호수아가 온 이스라엘로 더불어 대적한 많은 왕들을 죽였다는 소식을 듣고 마돈 왕 요밥과 시므론 왕과 악삽 왕과 및 북방 산지와 긴네롯 남편 아라바와 평지와 서방 돌의 높은 곳에 있는 왕들과 동서편 가나안 사람과 아모리 사람과 헷 사람과 브리스 사람과 산지의 여부스 사람과 미스바 땅 헤르몬 산 아래 히위 사람들에게 사람을 보내매 그들이 그 모든 군대를 거느리고 나왔으니 민중이 많아 해변의 수다한 모래 같고 말과 병거도 심히 많았으며 이 왕들이 모여 나아와서 이스라엘과 싸우려고 메롬 물가에 함께 진쳤더라.

하나님께서 하솔 왕 야빈을 비롯한 연합군들을 이스라엘의 손에 붙이신 고로 그들을 격파하고 큰 시돈과 미스르봇마임까지 쫓고 동편에서는 미스바 골짜기까지 쫓아가서 한 사람도 남기지 아니하고 쳐 죽이고 여호수아가 하나님께서 자기에게 명하신 대로 행하여 그들의 발 뒷발의 힘줄을 끊고 불로 그 병거를 살랐더라[수 11:1~15].

3) 모세에게 패배한 왕들

이스라엘 자손이 요단 저편 해 돋는 편 곧 아르논 골짜기에서 헤르몬산까지의 동방 온 아라바를 점령하고 그 땅에서 쳐 죽인 왕들은 이러하니라. 헤스본에 거하던 아모리 사람의 왕 시혼, 르바의 남은 족속으로서 아스다롯과 에드레이에 거하던 바산 왕 옥 등이었다[수 12:1~4].

4) 여호수아에게 패배한 왕들

여호수아와 이스라엘 자손이 요단 이편 곧 서편 레바논 골짜기의 바알갓에서부터 세일로 올라가는 곳 할락산까지에서 쳐서 멸한 왕들은 이러하니 곧 여리고 왕, 아이 왕, 예루살렘 왕, 헤브론 왕, 야르뭇 왕, 라기스 왕, 에글론 왕, 게셀 왕, 드빌 왕, 게델 왕, 호르마 왕, 아랏 왕, 립나 왕, 아둘람 왕, 막게다 왕, 벧엘 왕, 답부아 왕, 헤벨 왕, 아벡 왕, 랏사론 왕, 마돈 왕, 하솔 왕, 시므론 므론 왕, 악삽 왕, 다아낙 왕, 므깃도 왕, 게데스 왕, 갈멜의 욕느암 왕, 돌의 높은 곳의 돌 왕, 길갈의 고임 왕, 디르사 왕 등 도합 삼십일 왕이었다[수 12:7~24].

19. 레위인의 첩을 욕보인 베냐민 사람들

레위인이 첩장인의 집을 떠나 귀가하던 중 베냐민 사람들이 거주하던 곳을 지나다 한 노인의 집에 유숙하게 되었는데 그 성읍의 비류들이 그 노인의 집을 에워싸고 문을 두들기며 집주인 노인에게 말하여 가로되 네 집에 들어온 사람을 끌어내라. 우리가 그를 상관하겠다고 요구하였다. 이에 집 주인이 그들에게로 나와서 이르되 아니라 내 형제들아 청하노니 악을 행치 말라. 이 사람이 내 집에 들었으니 이런 망령된 일을 행치 말라. 보라, 여기 내 처녀 딸과 이 사람의 첩이 있은즉 내가 그들을 끌어내리니 너희가 그들을 욕보이든지 어찌하든지 임의로 하되 오직 이 사람에게는 이런 망령된 일을 행치 말라 하나 무리가 듣지 아니하므로 그 사람이 자기 첩을 무리에게로 붙들어 내매 그들이 그에게 행음하여 밤새도록 욕보이다가 새벽 미명에 놓은지라.

동틀 때에 여인이 그 주인의 우거한 그 사람의 집 문에 이르러 엎드러져 밝기까지 거기 누웠더라. 그의 주인이 일찍이 일어나 집 문을 열고 떠나고자 하더니 그 여인이 집 문에 엎드러지고 그 두 손이 문지방에 있는 것을 보고 그에게 이르되 일어나라. 우리가 떠나가자 하나 아무 대답이 없는지라. 이에 그 시체를 나귀에 싣고 행하여 자기 곳에 돌아가서 그 집에 이르러서는 칼을 취하여 첩의 시체를 붙들어 그 마디를 찍어 열두 덩이에 나누고 그것을 이스라엘 사방에 두루 보냈다.

그것을 보는 자가 다 가로되 이스라엘 자손이 애굽 땅에서 나온 날부터 오늘날까지 이런 일은 행치도 아니하였고 보지도 못하였도다 생각하고 상의한 후에 말하자 하니라. 이에 모든 이스라엘 자손이 단에서부터 브엘세바까지와 길르앗 땅에서 나왔는데 그 회중이 일제히 미스바에서 하나님 앞에 모였으니 온 백성의 어른 곧 이스라엘 모든 지파의 어른들은 하나님 백성의 총회에 섰고 칼을 빼는 보병이 사십만이었다. 이 이스라엘 모든 지파는 베냐민 사람의 용사 이만 오천 명을 칼로 쳐 죽이고 베냐민 지파에 속한 성읍과 가축을 다 칼로 치고 성읍마다 다 불살랐더라[삿 19:1~20:48].

20. 하나님을 알지 아니한 엘리와 그 아들들

1) 엘리

엘리는 제사장이었지만 성전에서 자식이 없어 눈물로 기도하고 있는 한나를 보고도 기도하는 것과 술 취한 것을 구분하지 못하고 그가 취한 줄로 생각하고 한나에게 네가 언제까지 취하여 있겠느냐. 포도주를 끊으라고 잘못 권고를 하는가 하면[삼상 1:12~16], 아래에서 보는 바와 같이 아들들인 홉니와 비느하스의 잘못된 행동들을 보고도 그들의 잘못을 징계하거나 고치지 아니하여 결국 하나님의 징계를 받아 죽게 만들었다[삼상 2:12~17, 22~25, 4:10~11].

이 외에도 엘리는 하나님으로부터 너희는 어찌하여 내가 나의 처소에서 명한 나의 제물과 예물을 밟으며 네 아들들을 나보다 더 중히 여겨 내 백성 이스라엘의 드리는 가장 좋은 것으로 스스로 살찌게 하느냐. 그러므로 이스라엘의 하나님 나 하나님이 말하노라. 내가 전에 네 집과 네 조상의 집이 내 앞에 영영히 행하리라 하였으나 이제 나 하나님이 말하노니 결단코 그렇게 아니하리라. 존중히 여기는 자를 내가 존중히 여기고 나를 멸시하는 자를 내가 경멸히 여기리라. 보라, 내가 네 팔과 네 조상의 집 팔을 끊어 네 집에 노인이 하나도 없게 하는 날이 이를지라. 이스라엘에게 모든 복을 베푸는 중에 너는 내 처소의 환난을 볼 것이요, 네 집에 영영토록 노인이 없을 것이며 내 단에서 내가 끊어 버리지 아니할 너의 사람이 네 눈을 쇠잔케 하고 네 마음을 슬프게 할 것이요, 네 집에 생산하는 모든 자가 젊어서 죽으리라. 네 두 아들 홉니와 비느하스가 한날에 죽으리니 그 둘의 당할 그 일이 네게 표징이 되리라. 내가 나를 위하여 충실한 제사장을 일으키리니 그 사람은 내 마음, 내 뜻대로 행할 것이라. 내가 그를 위하여 견고한 집을 세우리니 그가 나의 기름부음을 받은 자 앞에서 영구히 행하리라. 네 집에 남은 사람이 각기 와서 은 한 조각과 떡 한 덩이를 위하여 그에게 엎드려 가로되 청하노니 내게 한 제사장의 직분을 맡겨 나로 떡 조각을 먹게 하소서 하리라 하셨다 하니라[삼상 2:29~36].

당일에 어떤 베냐민 사람이 진에서 달려 나와 그 옷을 찢고 그 머리에 티끌을 무릅쓰고 실로에 이르니라. 그가 이를 때는 엘리가 길 곁 자기 의자에 앉아 기다리며 그 마음이 하나님의 궤로 인하여 떨릴 즈음이라. 그 사람이 성에 들어오며 고하매 온 성이 부르짖는지라. 엘리가 그 부르짖는 소리를 듣고 가로되 이 훤화하는 소리는 어쩜이뇨. 그 사람이 빨리 와서 엘리에게 고하니 때에 엘리의 나이 구십팔 세라. 그 눈이 어두워서 보지 못하더라. 그 사람이 엘리에게 고하되 나는 진중에서 나온 자라. 내가 오늘 진중에서 도망하여 왔나이다. 엘리가 가로되 내 아들아, 일이 어찌되었느냐고 묻자 소식을 전하는 자가 대답하여 가로되 이스라엘이 블레셋 사람 앞에서 도망하였고 백성 중에는 큰 살육이 있었고 당신의 두 아들 홉니와 비느하스도 죽임을 당하였고 하나님의 궤는 빼앗겼나이다고 대답하였다. 하나님의 궤를 말할 때에 앨리가 자기 의자에서 자빠져 문 곁에서 목이 부러져 죽었으니 나이 많고 비둔한 연고라 그가 이스라엘 사사가 된 지 사십 년이었더라[삼상 4:12~18].

2) 엘리의 아들들

엘리의 아들들은 불량자라 하나님을 알지 아니하더라. 그 제사
장들이 백성에게 행하는 습관은 이러하니 곧 아무 사람이 제사를
드리고 그 고기를 삶을 때에 제사장의 사환이 손에 세 살 갈고리
를 가지고 와서 그것으로 냄비에나 솥에나 큰 솥에나 가마에 찔러
넣어서 갈고리에 걸려 나오는 것은 제사장이 자기 것으로 취하되
실로에서 무릇 그곳에 온 이스라엘 사람에게 이같이 할 뿐 아니라
기름을 태우기 전에도 제사장의 사환이 와서 제사 드리는 사람에
게 이르기를 제사장에게 구워드릴 고기를 내라. 그가 네게 삶은
고기를 원치 아니하고 날것을 원하신다 하다가 그 사람이 이르기
를 반드시 먼저 기름을 태운 후에 네 마음에 원하는 대로 취하라
하면 그가 말하기를 아니라 지금 내게 내라. 그렇지 아니하면 내가
억지로 빼앗으리라 하였으니 이 소년들의 죄가 하나님 앞에 심히
큼은 그들이 하나님의 제사를 멸시함이었더라[삼상 2:12~17].

엘리가 매우 늙었더니 그 아들들이 온 이스라엘에게 행한 모든
일과 회막문에서 수종드는 여인과 동침하였음을 듣고 그들에게 이
르되 너희가 어찌하여 이런 일을 하느냐. 내가 너희의 악행을 이
모든 백성에게서 듣노라. 내 아들아, 그리 말라. 내게 들리는 소문
이 좋지 아니하니라. 너희가 하나님의 백성으로 범과케 하는도다.

사람이 사람에게 범죄하면 하나님의 판결하시려니와 사람이 하나님께 범죄하면 누가 위하여 간구하겠느냐 하되 그들이 그 아비의 말을 듣지 아니하였으니 이는 하나님께서 그들을 죽이기로 뜻하셨음이었더라[삼상 2:22~25].

블레셋 사람이 쳤더니 이스라엘이 패하여 각기 장막으로 도망하였고 살육이 심히 커서 이스라엘 보병의 엎드러진 자가 삼만이었으며 하나님의 궤는 빼앗겼고 엘리의 두 아들 홉니와 비느하스는 죽임을 당하였더라[삼상 4:10~11].

3) 엘리의 며느리인 비느하스의 아내

엘리의 며느리 비느하스의 아내가 잉태하여 산기가 가까웠더니 하나님의 궤 빼앗긴 것과 그 시부와 남편의 죽은 소문을 듣고 갑자기 아파서 몸을 구부려 해산하고 죽어갈 때에 곁에 섰던 여인들이 그에게 이르되 두려워 말라. 네가 아들을 낳았다 하되 그가 대답지도 아니하며 관념치도 아니하고 이르기를 영광이 이스라엘에서 떠났다 하고 아이 이름을 이가봇이라 하였으니 하나님의 구가 빼앗겼고 그 시부와 남편이 죽었음을 인함이며 또 이르기를 하나님의 궤를 빼앗겼으므로 영광이 이스라엘에서 떠났다 하였더라[삼상 4:19~22].

21. 하나님의 궤를 빼앗아 갔던 블레셋 사람들

블레셋 사람이 하나님의 궤를 빼앗아 가지고 에벤에셀에서부터 아스돗에 이르니라. 하나님의 손이 아스돗 사람에게 엄중히 더하사 독종의 재앙으로 아스돗과 그 지경을 쳐서 망하게 하셨다. 이어 블레셋 사람이 하나님의 궤를 가드로 옮겨 갔는데 하나님의 손이 이제는 옮겨간 가드 성에 큰 환난을 더하시고 성읍 사람의 작은 자와 큰 자를 다 쳐서 독종이 나게 하셨다.

그러자 블레셋 사람이 하나님의 궤를 다시 에그론으로 보내자 하나님의 손이 독종으로 온 성에 사망의 환난을 더하시자 죽지 아니한 사람들의 부르짖음이 하늘에 사무쳤더라. 하나님의 궤가 블레셋 사람의 지방에 있은 지 일곱 달이 되자 블레셋 사람들이 하나님의 궤로 인해 많은 사람이 죽게 되자 소 두 마리가 끄는 수레에 금보물과 함께 실어 이스라엘 땅 벧세메스로 보냈다[삼상 5:1~6:12].

22. 하나님의 궤를 들여다본 벧세메스 사람들

블레셋 사람들이 하나님의 궤로 인해 많은 사람이 죽게 되자 소

두 마리가 끄는 수레에 금보물과 함께 실어 이스라엘 땅 벧세메스로 보냈는데 벧세메스 사람들이 하나님의 궤를 들여다본 고로 하나님께서 그들을 치사 오만 칠십 인을 죽이신지라. 하나님께서 백성을 쳐서 크게 살육하셨으므로 백성이 애곡하였더라[삼상 6:19].

23. 이스라엘을 쳐들어 온 블레셋 사람들

사무엘이 번제를 드릴 때에 블레셋 사람이 이스라엘과 싸우려고 가까이 오매 그날에 하나님께서 블레셋 사람에게 큰 우레를 발하여 그들을 어지럽게 하시니 그들이 이스라엘 앞에 패한지라[삼상 7:10~12].

24. 하나님의 말씀을 불순종한 사울

하나님의 말씀이 사무엘에게 임하니라. 가라사대 내가 사울을 세워 왕 삼은 것을 후회하노니 그가 돌이켜서 나를 좇지 아니하며 내 명령을 이루지 아니하였음이니라 하신지라. 어찌하여 왕이 하나님의 목소리를 청종치 아니하고 탈취하기에만 급하여 하나님의 악하게 여기시는 것을 행하였나이까. 하나님께서 번제와 다른 제사를 그 목소리 순종하는 것을 좋아하심같이 좋아하시겠나이까. 순종이 제사보다 낫고 듣는 것이 수양의 기름보다 나으니 이는 거역하는 것은 사술의 죄와 같고 완고한 것은 사신 우상에게 절하는 죄와 같음이라. 왕이 하나님의 말씀을 버렸으므로 하나님께서도 왕을 버려 왕이 되지 못하게 하셨나이다[삼상 15:10~23].

사울은 생전에 갖은 악행을 저지르다 끝내는 블레셋 사람이 군대를 이끌고 수넴에 진쳤다는 소식을 듣고는 온 이스라엘을 모아 길보아에 진쳤으나 블레셋 사람의 군대를 보고 두려워서 그 마음이 크게 떨리자 변장하고 엔돌에 신접한 여인을 찾아가 사무엘을 불러올리라고 요청한 후 올라온 사무엘을 만나 사무엘이 그날 사울이 아들들과 함께 죽으리라 말하자 두려워 떨다 결국 전장에서 사울은 자기 칼 위에 엎드려 죽고 자신의 세 아들도 함께 전사하였다[삼 18:6~31:13].

25. 이스라엘 민족을 쳐들어 온 블레셋 사람들과 골리앗

블레셋 사람들이 그 군대를 모으고 싸우고자 하여 유다에 속한 소고에 모여 소고와 아세가 사이의 에베스담밈에 진치매 블레셋 사람의 진에서 싸움을 돋우는 자가 왔는데 그 이름은 골리앗이라. 골리앗이 점점 행하여 다윗에게로 나아오는데 방패 든 자가 앞섰더라. 골리앗이 둘러보다가 다윗을 보고 업신여기니 이는 그가 젊고 붉고 용모가 아름다움이라. 골리앗이 다윗에게 이르되 네가 나를 개로 여기고 막대기를 가지고 내게 나아왔느냐 하고 그 신들의 이름으로 다윗을 저주하고 또 이르되 내게로 오라. 내가 네 고기를 공중의 새들과 들짐승들에게 주리라.

다윗이 블레셋 사람에게 이르되 너는 칼과 창과 단창으로 내게 오거니와 나는 만군의 하나님의 이름 곧 네가 모욕하는 이스라엘 군대의 하나님의 이름으로 네게 가노라. 오늘 하나님께서 너를 내 손에 붙이시리니 내가 너를 쳐서 네 머리를 베고 블레셋 군대의 시체로 오늘날 공중의 새와 땅의 들짐승에게 주어 온 땅으로 이스라엘에 하나님이 계신 줄 알게 하겠고 또 하나님의 구원하심이 칼과 창에 있지 아니함을 이 무리로 알게 하리라. 전쟁은 하나님께 속한 것인즉 그가 너희를 우리 손에 붙이시리라. 골리앗이 일어나 다윗에게로 마주 가까이 올 때에 다윗이 골리앗에게로 마주 그 항오를 향하여 빨리 달리며 손을 주머니에 넣어 돌을 취하여 물매로 던져 골리앗의 이마를 치매 돌이 그 이마에 박히니 땅에 엎드러지니라.

다윗이 이같이 물매와 돌로 골리앗을 이기고 그를 쳐 죽였으나 자기 손에는 칼이 없었더라. 다윗이 달려가서 골리앗을 밟고 그의 칼을 그 집에서 빼어내어 그 칼로 그를 죽이고 그 머리를 베니 골리앗이 자기 용사의 죽음을 보고 도망하는지라. 이스라엘과 유다 사람들이 일어나서 소리 지르며 블레셋 사람을 쫓아 가이와 에그론 성문까지 이르렀고 블레셋 사람의 상한 자들은 사아라임 가는 길에서부터 가드와 에그론까지 엎드러졌더라[삼 17:1~52].

26. 다윗의 도움을 거절한
완고하고 행사가 악하며 불량한 사람 나발

마온에 한 사람이 있는데 그 업이 갈멜에 있고 심히 부하여 양이 삼천이요, 염소가 일천이므로 그가 갈멜에서 그 양털을 깎고 있었으니 그 사람의 이름은 나발이요, 그 아내의 이름은 아비가일이라. 그 여자는 총명하고 용모가 아름다우나 남자는 완고하고 행사가 악하며 그는 갈멜 족속이었더라. 다윗이 광야에 있어서 나발이 자기 양털을 깎는다 함을 듣고 열 소년을 나발에게 보내 네 손에 있는 대로 네 종들과 네 아들 다윗에게 주기를 원하노라고 부탁을 하였으나 나발이 다윗의 사환들에게 대답하여 가로되 다윗은 누구며 이새의 아들은 누구뇨. 근일에 각기 주인에게서 억지로 떠나는 종이 많도다. 내가 어찌 내 떡과 물과 내 양털 깎는 자를 위하여 잡은 고기를 가져 어디로서인지 알지도 못하는 자들에게 주겠느냐 한지라. 이에 다윗의 소년들이 다윗에게 돌아와 나발의 말한 대로 고하였다.

이 말을 들은 다윗이 각기 사람들에게 이르되 너희는 각기 칼을 차라. 각기 칼을 차매 다윗도 자기 칼을 차고 나발을 죽이기 위해 사백 명가량을 데리고 나발에게로 출발하였다. 다윗은 나발을 죽이러 가던 도중 나발의 아내 아비가일의 지혜로운 대처로 나발을 죽이지 않고 다시 돌아왔으나 나발은 결국 잔치를 배설한 열흘 후에 하나님께서 나발을 치시매 그가 죽으니라[삼상 25:2~38].

27. 사울을 죽였다고 거짓말한 아말렉 사람

사울이 죽은 후에 다윗이 아말렉 사람을 도륙하고 돌아와서 시글락에서 이틀을 유하더니 제 삼일에 한 사람이 사울의 진에서 나왔는데 그 옷을 찢어졌고 머리에는 흙이 있더라. 저가 다윗에게 나아와 땅에 엎드려 절하매 다윗이 저에게 묻되 너는 어디서 왔느냐.

대답하되 이스라엘진에서 도망하여 왔나이다. 다윗이 가로되 일이 어떻게 되었느뇨. 너는 내게 고하라. 저가 대답하되 내가 우연히 길보아 산에 올라보니 사울이 자기 창을 의지하였고 병거와 기병은 저를 촉급히 따르는데 사울이 뒤로 돌이켜 나를 보고 부르시기로 내가 대답하되 내가 여기 있나이다 한즉 내게 이르되 너는 누구냐 하시기로 내가 대답하되 나는 아말렉 사람이니이다 한즉 또 내게 이르되 내 목숨이 아직 내게 완전히 있으므로 내가 고통에 들었나니 너는 내 곁에 서서 나를 죽이라 하시기로 저가 엎드러진 후에는 살 수 없는 줄로 내가 알고 그 곁에 서서 죽이고 그 머리에 있는 면류관과 팔에 있는 고리를 벗겨서 내 주께로 가져왔나이다. 이에 다윗이 자기 옷을 찢으매 함께 있는 모든 사람도 그리하고 사울과 그 아들 요나단과 하나님의 백성과 이스라엘 족속이 칼에 죽음을 인하여 저녁때까지 슬퍼하며 금식하니라.

다윗이 그 고한 소년에게 묻되 너는 어디 사람이냐. 대답하되 나는 아말렉 사람 곧 외국인의 아들입니다. 다윗이 저에게 이르되 네가 어찌하여 손을 들어 하나님의 기름부음 받은 자 죽이기를 두려워하지 아니하였느냐 하고 소년 중 하나를 불러 이르되 가까이 가서 저를 죽이라 하매 그가 치매 곧 죽으니라. 다윗이 저에게 이르기를 네 피가 네 머리로 돌아갈지어다 네 입이 네게 대하여 증거하기를 내가 하나님의 기름 부음 받은 자를 죽였노라 함이니라 하였더라[삼하 1:1~16].

28. 하나님의 궤를 붙들다 죽은 웃사

다윗이 이스라엘에서 뺀 무리 삼만을 다시 모으고 일어나서 그 함께 있는 모든 사람으로 더불어 바알레유다로 가서 거기서 하나님의 궤를 메어 오려 하니 그 궤는 그룹들 사이에 좌정하신 만군의 하나님의 이름으로 이름하는 것이라. 저희가 하나님의 궤를 새 수레에 싣고 산에 있는 아비나답의 집에서 나오는데 아비나답의 아들 웃사와 아효가 그 새 수레를 모니라. 저희가 산에 있는 아비나답의 집에서 하나님의 궤를 싣고 나올 때에 아효는 궤 앞에서 행하고 다윗과 이스라엘 온 족속이 잣나무로 만든 여러 가지 악기와 수금과 비파와 소고와 양금과 제금으로 하나님 앞에서 주악하더라.

저희가 나곤의 타작마당에 이르러서는 소들이 뛰므로 웃사가 손을 들어 하나님의 궤를 붙들었더니 하나님이 웃사의 잘못함을 인하여 진노하사 저를 그곳에서 치시니 저가 거기 하나님의 궤 곁에서 죽으니라. 하나님께서 웃사를 충돌하시므로 다윗이 분하여 그곳을 베레스웃사라 칭하니 그 이름이 오늘까지 이르니라[삼하 6:1~8].

29. 하나님의 궤를 맞으며 춤을 추는 다윗을 업신여긴 사울의 딸 미갈

하나님의 궤를 다윗 성으로 옮기면서 다윗 왕이 하나님 앞에서 뛰놀며 춤추는 것을 보고 사울의 딸 미갈이 심중에 다윗을 업신여기니라. 다윗이 자기의 가족에게 축복하러 돌아오매 사울의 딸 미갈이 나와서 다윗을 맞으며 가로되 이스라엘 왕이 오늘날 어떻게 영화로우신지 방탕한 자가 염치없이 자기의 몸을 드러내는 것처럼 오늘날 그 신복의 계집종의 눈앞에서 몸을 드러내셨도다. 다윗이 미갈에게 이르되 이는 하나님 앞에서 한 것이니라. 저가 네 아비와 그 온 집을 버리시고 나를 택하사 나로 하나님의 백성 이스라엘의 주권자를 삼으셨으니 내가 하나님 앞에서 뛰놀리라. 내가 이보다 더 낮아져서 스스로 천하게 보일지라도 네가 말한바 계집종에게는 내가 높임을 받으리라 한지라. 그러므로 사울의 딸 미갈이 죽는 날까지 자식이 없었다[삼하 6:12~23].

30. 누이 다말을 범한 암논

다윗의 아들 압살롬에게 아름다운 누이가 있으니 이름은 다말이

라. 다윗의 아들 암논이 저를 연애하나 저는 처녀이므로 어찌할 수 없는 줄을 알고 암논이 그 누이 다말을 인하여 심화로 병이 되니라. 암논에게 요나답이라 하는 친구가 있으니 저는 다윗의 형 시므아의 아들이요, 심히 간교한 자라. 저가 암논에게 이르되 왕자여 어찌하여 나날이 이렇게 파리하여 가느뇨. 내게 고하지 아니하겠느뇨. 암논이 말하되 내가 아우 압살롬의 누이 다말을 연애함이니라.

요나답이 저에게 이르되 침상에 누워 병든 체하다가 네 부친이 너를 보러 오거든 너는 말하기를 청컨대 내 누이 다말로 와서 내게 식물을 먹이되 나 보는 데서 식물을 차려 그 손으로 먹여 주게 하옵소서 하라. 암논이 곧 누워 병든 체하다가 왕이 와서 저를 볼 때에 왕께 청컨대 내 누이 다말로 와서 내가 보는 데서 과자 두어 개를 만들어 그 손으로 내게 먹여주게 하옵소서. 다윗이 사람을 그 집으로 보내어 다말에게 이르되 네 오라비 암논의 집으로 가서 저를 위하여 음식을 차리라 한지라. 다말이 그 오라비 암논의 집에 이르매 암논이 누웠다가 과자를 만들던 다말에게 식물을 가지고 침실로 들어오라고 하여 다말이 침실에 들어와 암논에게 먹이려고 가까이 가자 억지로 동침하니라.

그 후 암논이 저를 심히 미워하여 하인에게 다말을 집에서 내어 보내라고 하여 하인이 다말을 끌어내므로 다말이 재를 그 머리에 무릅쓰고 채색옷을 찢고 손을 머리 위에 얹고 크게 울며 가니라.

다말의 오라비 압살롬이 다말을 자신의 집에서 데리고 있으면서 이 년 후 양털 깎는 일을 핑계로 아비 다윗 왕께 함께 가기를 청하나 다윗 왕은 가지 아니하고 복만 비는지라. 압살롬이 다윗 왕에게 형 암논을 자신과 함께 가게 해 달라고 간청하자 다윗 왕이 허락하고 다른 모든 왕자와 함께 압살롬에게 가게 하였다.

압살롬은 이미 사환들에게 분부하여 암논이 와서 마음이 술로 즐거워할 때 저를 죽이라고 분부하자 사환들이 그 분부대로 암논에게 행하매 왕의 모든 아들이 일어나 각기 노새를 타고 도망하니라. 저희가 길에 있을 때에 압살롬이 왕의 모든 아들을 죽이고 하나도 남기지 아니하였다[삼하 13:1~30]. 이처럼 암논은 자신이 저지른 패륜 때문에 자신은 물론 자신의 동생들까지 함께 죽게 만드는 비참한 결과를 초래하였다.

31. 다윗을 반역한 압살롬

이후에 압살롬이 자기를 위하여 병거와 말들을 준비하고 전배 오십 명을 세우니라. 압살롬이 일찍이 일어나 성문 길 곁에 서서 어떤 사람이든지 송사가 있어 왕에게 재판을 청하러 올 때에 그 사람을 불러서 이르되 너는 어느 성 사람이냐 그 사람의 대답이 좋은 이스라엘 아무 지파에 속하였나이다 하면 압살롬이 저에게 이르기를 네 일이 옳고 바르다마는 네 송사들을 사람을 왕께서 세우지 아니하셨다 하고 또 이르기를 내가 이 땅에서 재판관이 되고 누구든지 송사나 재판할 일이 있어 내게로 오는 자에게 내가 공의 베풀기를 원하노라 하고 사람이 가까이 와서 절하려 하면 압살롬이 손을 펴서 그 사람을 붙들고 입을 맞추니 무릇 이스라엘 무리 중에 왕께 재판을 청하러 오는 자들에게 압살롬의 행함이 이 같아서 이스라엘 사람의 마음을 도적하니라.

사 년 만에 압살롬이 왕께 고하되 내가 하나님께 서원한 것이 있사오니 청컨대 나로 헤브론에 가서 그 서원을 이루게 하소서. 종이 아람 그술에 있을 때에 서원하기를 만일 하나님께서 나를 예루살렘으로 돌아가게 하시면 내가 하나님을 섬기리이다 하였나이다. 왕이 저에게 이르되 평안히 가라 하니 저가 일어나 헤브론으로 가니라. 이에 압살롬이 정탐을 이스라엘 모든 지파 가운데 두루 보내어 이르기를 너희는 나팔 소리를 듣거든 곧 부르기를 압살롬이 헤브론에서 왕이 되었다 하라 하니라.

그때에 압살롬에게 청함을 받은 이백 명이 그 사기를 알지 못하고 아무 뜻 없이 예루살렘에서 저와 함께 갔으며 제사드릴 때에 압살롬이 사람을 보내어 다윗의 모사 길로 사람 아히도벨을 그 성읍 길로에서 청하여 온지라. 반역하는 일이 커 가매 압살롬에게로 돌아오는 백성이 많아지니라. 사자가 다윗에게 와서 고하되 이스라엘의 인심이 다 압살롬에게로 돌아갔나이다 한지라. 다윗이 예루살렘에 함께 있는 모든 신복에게 이르되 일어나 도망하자 그렇지 아니하면 우리 한 사람도 압살롬에게서 피하지 못하리라. 빨리 가자. 두렵건대 저가 우리를 급히 따라와서 해하고 칼로 성을 칠까 하노라 하였다. 그러자 왕의 신복들이 왕께 고하되 우리 주 왕의 하고자 하시는 대로 우리가 행하리이다 하더라.

왕이 나갈 때에 권속을 다 따르게 하고 후궁 열 명을 남겨두어 궁을 지키게 하니라. 그 후 다윗은 압살롬의 반역을 피하여 예루살렘에서 도망하여 도피 생활을 하고 압살롬은 예루살렘으로 들어가 다윗이 남겨두고 떠난 후궁들로 더불어 백주에 온 이스라엘 무리의 눈앞에서 그 부친의 후궁들로 더불어 동침하는 패륜까지 저질렀다가 요압의 병기를 맡은 소년 열이 압살롬을 에워싸고 쳐 죽였고, 압살롬의 아버지 다윗에 대한 반역은 자신이 죽으므로 실패하였다[삼하 15:1~18:15]

32. 다윗을 저주한 시므이

다윗이 압살롬의 반역을 피해 도망하여 바후림에 이르매 거기서 사울의 집 족속 하나가 나오니 게라의 아들이요, 이름은 시므이라. 저가 나오면서 연하여 저주하고 또 다윗과 다윗 왕의 모든 신복을 향하여 돌을 던지니 그때에 모든 백성과 용사들은 다 왕의 좌우에 있었더라. 시므이가 저주하는 가운데 이와 같이 말하니라. 피를 흘린 자여, 비루한 자여, 가거라. 가거라. 사울의 족속의 모든 피를 하나님께서 네게로 돌리셨도다. 그 대신에 내가 왕이 되었으나 하나님께서 나라를 네 아들 압살롬의 손에 붙이셨도다. 보라, 너는 피를 흘린 자인 고로 화를 자취하였느니라.

스루야의 아들 아비새가 왕께 여짜오되 이 죽은 개가 어찌 내 주 왕을 저주하리이까. 청컨대 나로 건너가서 저의 머리를 베게 하소서 하였으나 다윗 왕이 가로되 스루야의 아들들아, 내가 너희와 무슨 상관이 있느냐. 저가 저주하는 것은 하나님께서 저에게 다윗을 저주하라 하심이니 네가 어찌 그리하였느냐 할 자가 누구겠느냐 하고 또 아비새와 모든 신복에게 이르되 내 몸에서 난 아들도 내 생명을 해하려 하거든 하물며 이 베냐민 사람이랴. 하나님께서 저에게 명하신 것이니 저로 저주하게 버려두라. 혹시 하나님께서 나의 원통함을 감찰하시리니 오늘날 그 저주 까닭에 선으로 내게

갚아 주시리라 하고 다윗과 그 종자들이 길을 갈 때에 시므이는 산 비탈로 따라가면서 저주하고 저를 향하여 돌을 던지며 티끌을 날리더라. 왕과 그 함께 있는 백성들이 다 곤비하여 한 곳에 이르러 거기서 쉬니라[삼하 16:5~14].

후일 왕이 요단을 건너려 할 때에 게라의 아들 시므이가 왕의 앞에 엎드려 왕께 고하되 내 주여 원컨대 내게 죄 주지 마옵소서. 내 주 왕께서 예루살렘에서 나오시던 날에 종의 패역한 일을 기억하지 마옵시며 마음에 두지 마옵소서. 왕의 종 내가 범죄한 줄 아옵는고로 오늘 요셉의 온 족속 중 내가 먼저 내려와서 내 주 왕을 영접하나이다. 스루야의 아들 아비새가 대답하여 가로되 시므이가 하나님의 기름부으신 자를 저주하였으니 그로 인하여 죽어야 마땅치 아니하니이까. 다윗이 가로되 스루야의 아들들아, 내가 너희와 무슨 상관이 있기로 너희가 오늘 나의 대적이 되느냐. 오늘 어찌하여 이스라엘 가운데서 사람을 죽이겠느냐. 내가 오늘날 이스라엘의 왕이 된 것을 내가 알지 못하리요 하고 시므이에게 이르되 네가 죽지 아니하리라 하고 저에게 맹세하니라[삼하 19:18~23].

그러나 다윗이 죽고 난 후 그의 아들인 솔로몬 왕이 시므이를 불러서 이르되 너는 예루살렘에서 너를 위하여 집을 짓고 거기서 살고 어디든지 나가지 말라. 너는 분명히 알라. 네가 나가서 기드론

시내를 건너는 날에는 정녕 죽임을 당하리니 네 피가 네 머리로 돌아가리라고 하였다. 그러자 시므이가 왕께 대답하되 이 말씀이 좋사오니 내 주 왕의 말씀대로 종이 그리하겠나이다 하고 이에 날이 오래도록 예루살렘에 머무니라. 삼 년 후에 시므이의 두 종이 가드 왕 마아가의 아들 아기스에게로 도망하여 간지라. 혹이 시므이에게 고하여 가로되 당신의 종이 가드에 있나이다. 시므이가 그 종을 찾으려고 일어나 그 나귀에 안장을 지우고 가드로 가서 아기스에게 나아가 그 종을 가드에서 데려왔더니 시므이가 예루살렘에서부터 가드에 갔다가 돌아온 일을 혹이 솔로몬에게 고한지라.

왕이 사람을 보내어 시므이를 불러서 이르되 내가 너로 하나님을 가리켜 맹세하게 하고 경계하여 이르기를 너는 분명히 알라. 네가 밖으로 나가서 어디든지 가는 날에는 죽임을 당하리라 하지 아니하였느냐. 너도 내게 말하기를 내가 들은 말씀이 좋으니이다 하였거늘 네가 어찌하여 하나님을 가리켜 한 맹세와 내가 네게 이른 명령을 지키지 아니하였느냐고 물었다. 그리고 왕이 또 시므이에게 이르되 네가 무릇 네 마음의 아는 모든 악 곧 내 부친에게 행한 바를 네가 스스로 아나니 하나님께서 네 악을 네 머리로 돌려보내시리라. 그러나 솔로몬 왕은 복을 받고 다윗의 위는 영원히 하나님 앞에서 견고히 서리라 하고 여호야다의 아들 브나야에게 명하매 저가 나가서 시므이를 쳐서 죽게 한지라. 이에 나라가 솔로몬의 손에 견고하여지니라[왕상 2:36~46].

33. 다윗을 대항한 세바

마침 거기 난류 하나가 있으니 베냐민 사람 비그리의 아들 세바라 하는 자라. 저가 나팔을 불며 가로되 우리는 다윗과 함께할 분의가 없으며 이새의 아들과 함께할 업이 없도다. 이스라엘아 각각 장막으로 돌아가라 하매 이에 온 이스라엘 사람들이 다윗 좇기를 그치고 올라가 비그리의 아들 세바를 좇으나 유다 사람들은 왕에게 합하여 요단에서 예루살렘까지 좇으니라.

왕이 아마사에게 이르되 너는 나를 위하여 삼 일 내로 유다 사람을 소집하고 너도 여기 있으라. 아마사가 유다 사람을 소집하러 가더니 왕의 정한 기한에 지체된지라. 다윗이 이에 아비새에게 이르되 이제 비그리의 아들 세바가 압살롬보다 우리를 더 해하리니 너는 네 주의 신복들을 거느리고 좇아가라. 저가 견고한 성에 들어가서 우리들을 피할까 염려하노라 하였다. 그 후 성읍에서 여인이 요압에게 이르되 저의 머리를 성벽에서 당신에게 내어 던지리이다 하고 이에 여인이 그 지혜로 모든 백성에게 말하매 저희가 비그리의 아들 세바의 머리를 베어 요압에게 던져 살해당하였다. 이로써 다윗을 대항한 세바는 결국 살해당하는 처참한 최후를 맞았다 [삼하 20:1~22].

34. 솔로몬을 반역한 아도니야

학깃의 아들 아도니야가 스스로 높여서 이르기를 내가 왕이 되리라 하고 자기를 위하여 병거와 기병과 전배 오십 인을 예비하니 저는 압살롬의 다음에 난 자요, 체용이 심히 준수한 자라. 그 부친이 네가 어찌하여 그리하였느냐 하는 말로 한 번도 저를 섭섭하게 한 일이 없었다. 그러나 다윗이 자신의 이을 왕으로 지명하지도 않았음에도 불구하고 아도니야는 스스로 왕으로 칭하다 다윗이 솔로몬을 왕으로 지명하자 솔로몬을 두려워하여 일어나 가서 제단 뿔을 잡으니 솔로몬 왕이 아도니야가 선한 사람이 될진대 그 머리카락 하나라도 땅에 떨어지지 아니하려니와 저의 가운데 악한 것이 보이면 죽으리라 하고 사람을 보내어 저를 제단에서 이끌어 내리니 저가 와서 솔로몬 왕께 절하매 솔로몬이 이르기를 네 집으로 가라 하였더라.

그런데 아도니야는 솔로몬의 어머니인 밧세바를 통해 솔로몬에게 수넴 여자 아비삭을 자신에게 주어 아내를 삼게 해 달라는 청탁을 넣었다 솔로몬 왕의 분노를 사서 결국 솔로몬이 여호야다의 아들 브나야를 보내매 저가 아도니야를 쳐서 죽임을 당하였다[왕상 1:5~2:25].

35. 노인들의 교도를 버리고 소년의 가르침을 좇은 르호보암

르호보암이 세겜으로 갔으니 이는 온 이스라엘이 저로 왕을 삼고자 하여 세겜에 이르렀음이더라. 느밧의 아들 여로보암이 전에 솔로몬 왕의 얼굴을 피하여 애굽으로 도망하여 있었더니 이제 그 소문을 듣고 오히려 애굽에 있는 중에 무리가 보내어 저를 불렀더라. 여로보암과 이스라엘의 온 회중이 와서 르호보암에게 고하여 가로되 왕의 부친이 우리의 멍에를 무겁게 하였으나 왕은 이제 왕의 부친이 우리에게 시킨 고역과 메운 무거운 멍에를 가볍게 하소서. 그리하시면 우리가 왕을 섬기겠나이다. 르호보암이 대답하되 갔다가 삼 일 후에 다시 내게로 오라 하매 백성이 가니라.

르호보암 왕이 그 부친 솔로몬의 생전에 그 앞에 모셨던 노인들과 의논하여 가로되 너희는 어떻게 교도하여 이 백성에게 대답하게 하겠느뇨. 대답하여 가로되 왕이 만일 오늘날 이 백성의 종이 되어 저희를 섬기고 좋은 말로 대답하여 이르시면 저희가 영영히 왕의 종이 되리이다 하나 왕이 노인의 교도하는 것을 버리고 그 앞에 모셔 있는 자기와 함께 자라난 소년들과 의논하여 가로되 너희는 어떻게 교도하여 이 백성에게 대답하게 하겠느뇨. 백성이 내게 말하기를 왕의 부친이 우리에게 메운 멍에를 가볍게 하라 하였느니라. 함께 자라난 소년들이 왕께 고하여 가로되 이 백성들이 왕께 고하기를 왕의 부친이 우리의 멍에를 무겁게 하였으나 왕은 우리를 위하여 가볍게 하라 하였은즉 왕은 대답하기를 나의 새끼손가락이 내 부친의 허리보다 굵으니 내 부친이 너희로 무거운 멍에를 메게 하였으나 이제 나는 너희의 멍에를 더욱 무겁게 할지라. 내 부친은 채찍으로 너희를 징치하였으나 나는 전갈로 너희를 징치하리라 하소서.

삼 일 만에 여로보암과 모든 백성이 르호보암에게 나아왔으니 이는 왕이 명하여 이르기를 삼 일 만에 내게로 다시 오라 하였음이라. 왕이 포학한 말로 백성에게 대답할 새 노인의 교도를 버리고 소년의 가르침을 좇아 저희에게 고하여 가로되 내 부친은 너희의 멍에를 무겁게 하였으나 나는 너희의 멍에를 더욱 무겁게 할지라. 내 부친은 채찍으로 너희를 징치하였으나 나는 전갈로 너희를 징치하리라 하니라. 왕이 이같이 백성의 말을 듣지 아니하였으니 이 일은 하나님께로 말미암아 난 것이라. 하나님께서 전에 실로 사람 아히야로 느밧의 아들 여로보암에게 고한 말씀을 응하게 하심이더라. 온 이스라엘이 자기들의 말을 왕이 듣지 아니함을 보고 왕에게 대답하여 가로되 우리가 다윗과 무슨 관계가 있느뇨. 이새의 아들에게서 업이 없도다. 이스라엘아 너희의 장막으로 돌아가라. 다윗이여 이제 너는 네 집이나 돌아보라 하고 이스라엘이 그 장막으로 돌아가니라.

그러나 유다 성읍들에 사는 이스라엘 자손에게는 르호보암이 그 왕이 되었더라. 르호보암 왕이 역군의 감독 아도니람을 보내었더니 온 이스라엘이 저를 돌로 쳐 죽인지라. 르호보암 왕이 급히 수레에 올라 예루살렘으로 도망하였더라. 이에 이스라엘이 다윗의 집을 배반하여 오늘날까지 이르렀더라[왕상 12:1~19]. 르호보암 왕은 경험 많은 노인들의 교도를 버리고 소년의 가르침을 좇으므로 말미암아 열 지파를 잃게 되는 비참한 결과를 초래하였다.

36. 갖은 악행을 저지른 아합 왕과 왕비 이세벨

1) 아합 왕

오므리의 아들 아합은 그 전의 모든 사람보다 하나님 보시기에 악을 더욱 행하여 느밧의 아들 여로보암의 죄를 따라 행하는 것을 오히려 가볍게 여기며 시돈 사람의 왕 엣바알의 딸 이세벨로 아내를 삼고 가서 바알을 섬겨 숭배하고 사마리아에 건축한 바알의 사당 속에 바알을 위하여 단을 쌓으며 또 아세라 목상을 만들었으니 저는 그 전의 모든 이스라엘 왕보다 심히 이스라엘 하나님의 노를 격발하였다. 예로부터 아합과 같이 스스로 팔려 하나님 보시기에 악을 행한 자가 없음은 저가 그 아내 이세벨에게 충동되었음이라. 저가 하나님께서 이스라엘 자손 앞에서 쫓아내신 아모리 사람의 모든 행한 것같이 우상에게 복종하여 심히 가증하게 행하였더라.

아합은 전쟁이 맹렬하였을 때 적군이 우연히 쏜 활에 맞아 부상당한 후 왕이 병거 가운데 붙들려 서서 아람 사람을 막다가 저녁에 이르러 죽었는데 상처의 피가 흘러 병거 바닥에 고였더라. 왕이 이미 죽으매 그 시체를 메어 사마리아에 이르러 거기 장사하니라. 그 병거를 사마리아 못에 씻으매 개들이 그 피를 핥았으니 하나님의 하신 말씀처럼 나봇의 피를 핥았던 개들이 아합의 피를 핥았고, 거기는 창기들의 목욕하는 곳이었더라[왕상 16:28~22:38].

2) 왕비 이세벨

아합 왕의 왕비 이세벨은 시돈 사람의 왕 엣바알의 딸로 남편인 아합 왕과 더불어 하나님의 선지자들을 죽이고 엘리야를 죽이겠다고 온갖 협박을 하였으며 남편인 아합 왕이 나봇의 포도원을 갖고 싶어 근심할 때 거짓 증인들을 세워 나봇을 돌에 맞아 죽게 만든 후 강제로 포도원을 뺏는 등 온갖 악행을 저질렀다.

예후가 이스르엘에 이르니 이세벨이 듣고 눈을 그리고 머리를 꾸미고 창에서 바라보다가 예후가 문에 들어오매 가로되 주인을 죽인 너 시므리여, 평안하냐. 예후가 얼굴을 들어 창을 향하고 가로되 내 편이 될 자가 누구냐, 누구냐 하니 두어 내시가 예후를 내다보는지라. 가로되 저를 내려 던지라 하니 내려 던지매 그 피가 담과 말에게 뛰더라. 예후가 그 시체를 밟으니라. 예후가 들어가서 먹고 마시고 가로되 가서 이 저주받은 계집을 찾아 장사하라. 저는 왕의 딸이니라 하매 가서 장사하려 한즉 그 두골과 발과 손바닥 외에는 찾지 못한지라. 돌아와서 고한대 예후가 가로되 이는 하나님께서 그 종 디셉 사람 엘리야로 말씀하신 바라. 이르시기를 이스르엘 토지에서 개들이 이세벨의 고기를 먹을지라. 그 시체가 이스르엘 토지에서 거름같이 밭 면에 있으리니 이것이 이세벨이라고 가리켜 말하지 못하게 되리라 하셨느니라[왕상 16:31~왕하 9:37].

37. 엘리사에게 대머리라고 조롱한 젊은 아이들

엘리사가 거기서 벧엘로 올라가더니 길에 행할 때에 젊은 아이들이 성에서 나와서 저를 조롱하여 가로되 대머리여, 올라가라. 대머리여, 올라가라 하는지라 엘리사가 돌이켜 저희를 보고 저주하매 곧 수풀에서 암콤 둘이 나와서 아이들 중에 사십이 명을 찢었더라 [왕하 2:23~24].

38. 엘리사의 명령을 거역한 엘리사의 사환 게하시

나아만이 모든 종자와 함께 하나님의 사람에게로 도로 와서 그 앞에 서서 가로되 내가 이제 이스라엘 외에는 온 천하에 신이 없는 줄을 아나이다. 청컨대 당신의 종에게서 예물을 받으소서. 가로되 나의 섬기는 하나님의 사심을 가리켜 맹세하노니 내가 받지 아니하리라. 나아만이 받으라 강권하되 저가 고사한지라.

하나님의 사람 엘리사의 사환 게하시가 스스로 이르되 내 주인이 이 아람 사람 나아만에게 면하여 주고 그 가지고 온 것을 그 손에서 받지 아니하였도다. 하나님의 사심을 가리켜 맹세하노니 내가 저를 쫓아가서 무엇이든지 그에게서 취하리라 하고 나아만의 뒤를 쫓아가니 나아만이 자기 뒤에 달려옴을 보고 수레에 내려서 맞아 가로되 평안이냐 저가 가로되 평안이니이다. 우리 주인께서 나를 보내시며 말씀하시기를 지금 선지자의 생도 중에 두 소년이 에브라임 산지에서부터 내게 왔으니 청컨대 당신은 저희에게 은 한 달란트와 옷 두 벌을 주라 하시더이다.

나아만이 가로되 바라건대 두 달란트를 받으라 하고 저를 억제하여 은 두 달란트를 두 전대에 넣어 매고 옷 두벌을 아울러 두 사환에게 지우매 저희가 게하시 앞에서 지고 가니라. 언덕에 이르러는 게하시가 그 물건을 두 사환의 손에서 취하여 집에 감추고 저희를 보내어 가게 한 후 들어가서 그 주인 앞에 서니 엘리사가 이르되 게하시야, 네가 어디서 오느냐. 대답하되 종이 아무데도 가지 아니하였나이다. 엘리사가 이르되 그 사람이 수레에서 내려 너를 맞을 때에 내 심령이 감각되지 아니하였느냐. 지금이 어찌 은을 받으며 옷을 받으며 감람원이나 포도원이나 양이나 소나 남종이나 여종을 받을 때냐. 그러므로 나아만의 한센병이 네게 들어 네 자손에게 미쳐 영원토록 이르리라. 게하시가 그 앞에서 물러나오매 눈같이 되어 한센병이 들었더라[왕하 5:15~27].

엘리사의 사환 게하시는 하나님의 사람 엘리사가 받지 말라던 명령을 거역하고 엘리사 몰래 나아만에게 은과 옷을 받은 결과로 자신은 물론 자손에게까지 영원토록 한센병자가 되리라는 저주를 받았다.

39. 엘리사의 예언을 믿지 않은 이스라엘의 한 장관

엘리사가 가로되 하나님의 말씀을 들을지어다. 하나님께서 가라 사대 내일 이맘때에 사마리아 성문에서 고운 가루 한 스아에 한 세겔을 하고 보리 두 스아에 한 세겔을 하리라 하셨느니라. 그때에 한 장관 곧 왕이 그 손에 의지하는 자가 하나님의 사람에게 대답 하여 가로되 하나님께서 하늘에 창을 내신들 어찌 이런 일이 있으 리요. 엘리사가 가로되 네가 네 눈으로 보리라. 그러나 그것을 먹 지는 못하리라 하니라.

백성들이 나가서 아람 사람의 진을 노략한지라. 이에 고운 가루 한 스아에 한 세겔을 되고 보리 두 스아에 한 세겔이 되니 하나님 의 말씀과 같이 되었고 왕이 그 손에 의지하였던 그 장관을 세워 성문을 지키게 하였더니 백성이 저를 밟으매 하나님의 사람의 말 대로 죽었으니 곧 왕이 내려왔을 때에 그의 한 말대로라[왕하

7:1~20]. 이 장관은 하나님의 사람 엘리사의 예언을 믿지 않은 결과로 비참하게 죽는 결과를 초래하였다.

40. 모르드개를 모함하여 죽이려다 자신이 죽은 하만

하만이 모르드개가 꿇지도 아니하고 절하지도 아니함을 보고 심히 노하여 저희가 모르드개의 민족을 하만에게 고하였더라. 하만이 모르드개만 죽이는 것이 경하다 하고 아하수에로의 온 나라에 있는 유다인 곧 모르드개의 민족을 다 멸하고자 하더라. 하만이 아하수에로 왕에게 아뢰되 한 민족이 왕의 나라 각 도 백성 중에 흩어져 거하는데 그 법률이 만민보다 달라서 왕의 법률을 지키지 아니하오니 용납하는 것이 왕에게 무익하니이다. 왕이 옳게 여기시거든 조서를 내려 저희를 진멸하소서. 내가 은 일만 달란트를 왕의 일을 맡은 자의 손에 부쳐 왕의 부고에 드리리이다. 왕이 반지를 손에서 빼어 유다인의 대적 곧 아각 사람 함므다다의 아들 하만에게 주며 이르되 그 은을 네게 주고 그 백성도 그리하노니 너는 소견에 좋을 대로 행하라 하더라.

정월 십삼 일에 왕의 서기관이 소집되어 하만의 명을 따라 왕의 대신과 각 도 방백과 각 민족의 관원에게 아하수에로 왕의 이름으로 조서를 쓰되 곧 각 도의 문자와 각 민족의 방언대로 쓰고 왕의 반지로 인치니라. 이에 그 조서를 역졸에게 부쳐 왕의 각 도에 보내니 십이 월 곧 아달 월 십삼 일 하루 동안에 모든 유다인을 노소나 어린아이나 부녀를 무론하고 죽이고 도륙하고 진멸하고 또 그 재산을 탈취하라 하였고 이 명령을 각 도에 전하기 위하여 조서의 초본을 모든 민족에게 선포하여 그날을 위하여 준비하였다.

그러나 하만이 모르드개와 그가 속한 유다민족을 모두 학살하려는 왕명을 알게 된 모르드개의 조카인 왕비 에스더로 인해 왕에게 왕후를 강간하려는 것으로 미움을 받아 자신이 모르드개를 달아 죽이기 위해 오십 규빗이나 높은 나무를 세웠다가 오히려 자신이 그 나무에 달려 죽게 되고 자신의 열 아들도 죽게 되는 비참한 결과를 초래하였다[겔 3:5~9:14].

41. 스승 예수를 대제사장들에게 은 삼십에 팔아넘긴 제자 가룟 유다

그때에 예수의 제자 열둘 중에 하나인 가룟 유다라 하는 자가 대제사장들에게 가서 말하되 내가 예수를 너희에게 넘겨주리니 얼마나 주려느냐 하니 그들이 은 삼십을 달아 주거늘 저가 그때부터 예수를 넘겨 줄 기회를 찾더라[마 26:14~18].

이에 예수께서 제자들에게 오사 이르시되 이제는 자고 쉬라. 보라, 때가 가까웠으니 인자가 지인의 손에 팔리우느니라. 일어나라. 함께 가자. 보라, 나를 파는 자가 가까이 왔느니라. 말씀하실 때에 열둘 중에 하나인 유다가 왔는데 대제사장들과 백성의 장로들에게서 파송된 큰 무리가 검과 몽치를 가지고 그와 함께하였더라. 예수를 파는 자가 그들에게 군호를 짜 가로되 내가 입 맞추는 자가 그이니 그를 잡으라 하였는지라. 곧 예수께 나아와 랍비여, 안녕하시옵니까 하고 입을 맞추니 예수께서 가라사대 친구여, 네가 무엇을 하려고 왔는지 행하라 하신대 이에 저희가 나아와 예수께 손을 대어 잡는지라[마 26:45~50].

때에 예수를 판 유다가 그의 정죄됨을 보고 스스로 뉘우쳐 그 은 삼십을 대제사장들과 장로들에게 도로 갖다 주며 가로되 내가 무죄한 피를 팔고 죄를 범하였도다 하니 저희가 가로되 그것이 우리에게 무슨 상관이 있느냐. 네가 당하라 하거늘 유다가 은을 성소에 던져 넣고 물러가서 스스로 목매어 죽은지라. 대제사장들이 그 은을 거두며 가로되 이것은 피 값이라 성전고에 넣어둠이 옳지

않다 하고 의논한 후 이것으로 토기장이의 밭을 사서 나그네의 묘
지를 삼았으니 그러므로 오늘날까지 그 밭을 피밭이라 부르고 있
다[마 27:3~8].

42. 예수에게 갖은 모욕을 주고 죽이려는
    대제사장들과 백성들

예수를 잡은 자들이 끌고 대제사장 가야바에게로 가니 거기 서
기관과 장로들이 모여 있더라. 대제사장들과 온 공회가 예수를 죽
이려고 그를 칠 거짓 증거를 찾고 예수의 얼굴에 침 뱉으며 주먹으
로 치고 혹은 손바닥으로 때리며 가로되 그리스도야, 우리에게 선
지자 노릇을 하라. 너를 친 자가 누구냐 하더라.

새벽에 모든 대제사장과 백성의 장로들이 예수를 죽이려고 함께
의논하고 결박하여 끌고 가서 총독 빌라도에게 넘겨 주니라. 총독
이 대답하여 가로되 둘 중에 누구를 너희에게 놓아 주기를 원하느
냐. 가로되 바라바로소이다. 빌라도가 가로되 그러면 그리스도라
하는 예수를 내가 어떻게 하랴. 저희가 다 가로되 십자가에 못 박
혀야 하겠나이다. 백성이 다 대답하여 가로되 그 피를 우리와 우

리 자손에게 돌릴지어다 하더라[마 26:57~27:25].

43. 예수에게 죄가 없음을 알고도 십자가에 못 박게 내어 준 빌라도

새벽에 모든 대제사장과 백성의 장로들이 예수를 죽이려고 함께 의논하고 결박하여 끌고 가서 총독 빌라도에게 넘겨 주니라. 예수께서 총독 앞에 섰으매 총독이 물어 가로되 네가 유대인의 왕이냐고 묻자 예수께서 대답하시되 네 말이 옳도다 하시고 대제사장들과 장로들에게 고소를 당하되 아무 대답도 아니하시는지라. 이에 빌라도가 이르되 저희가 너를 쳐서 얼마나 많은 것으로 증거 하는지 듣지 못하느냐 하되 한 마디도 대답지 아니하시니 총독이 심히 기이히 여기더라.

명절을 당하면 총독이 무리의 소원대로 죄수 하나를 놓아 주는 전례가 있더니 그때에 바라바라 하는 유명한 죄수가 있는데 저희가 모였을 때에 빌라도가 물어 가로되 너희는 내가 누구를 너희에게 놓아 주기를 원하느냐. 바라바냐, 그리스도라 하는 예수냐 하니 이는 저가 그들의 시기로 예수를 넘겨 준 줄 앎이더라. 총독이 재판 자리에 앉았을 때에 그 아내가 사람을 보내어 가로되 저 옳은 사람에게 아무 상관도 하지 마옵소서. 오늘 꿈에 내가 그 사람을 인하여 애를 많이 썼나이다 하고는 그리스도 예수에게 갖은 모욕을 주고 끝내 그리스도 예수를 십자가에 못 박아 죽이는 천인공노할 악행을 저질렀다

대제사장들과 장로들이 무리를 권하여 바라바를 달라 하게 하고 예수를 멸하자 하게 하였더니 총독이 대답하여 가로되 둘 중에 누구를 너희에게 놓아 주기를 원하느냐고 묻자 무리들이 가로되 바라바로소이다라고 대답하였다. 이에 빌라도가 가로되 그러면 그리스도라 하는 예수를 내가 어떻게 하랴고 묻자 저희가 다 가로되 십자가에 못 박혀야 하겠나이다라고 대답하였다.

그러자 빌라도가 가로되 어찜이뇨. 무슨 악한 일을 하였느냐고 다시 되묻자 저희가 더욱 소리 질러 가로되 십자가에 못 박혀야 하겠나이다라고 하는지라. 빌라도가 아무 효험도 없이 도리어 민란이 나려는 것을 보고는 예수에게 죄가 없음을 알고도 물을 가져다가 무리 앞에서 손을 씻으며 가로되 이 사람의 피에 대하여 나는 무죄하니 너희가 당하라고 말하자 백성이 다 대답하여 가로되 그 피를 우리와 우리 자손에게 돌릴지어다 하거늘 이에 바라바는 저희에게 놓아주고 예수는 채찍질하고 십자가에 못 박히게 넘겨 주니라[마 27:1~26].

44. 예수를 희롱한 예수 한 편에 달린 행악자

예수와 함께 십자가에 달린 행악자 중 하나는 예수를 비방하여 가로되 네가 그리스도가 아니냐. 너와 우리를 구원하라 하며 예수를 희롱하다 다른 행악자는 구원을 받았으나 그는 구원을 받지 못하였다[눅 23:40~43].

45. 주의 영을 시험하다 죽은 아나니아와 삽비라 부부

아나니아라 하는 사람이 그 아내 삽비라로 더불어 소유를 팔아 그 값에서 얼마를 감추매 그 아내도 알더라. 얼마를 가져다가 사도들의 발 앞에 두니 베드로가 가로되 아나니아야, 어찌하여 사단이 네 마음에 가득하여 네가 성령을 속이고 땅값 얼마를 감추었느냐. 땅이 그대로 있을 때에는 네 땅이 아니며 판 후에도 네 임의로 할 수가 없더냐. 어찌하여 이 일을 네 마음에 두었느냐. 사람에게 거짓말 한 것이 아니요, 하나님께로다. 아나니아가 이 말을 듣고 엎드러져 혼이 떠나니 이 일을 듣는 사람이 다 크게 두려워하더라. 젊은 사람들이 일어나 시신을 싸고 메고 나가 장사하니라.

세 시간쯤 지나 그 아내가 그 생긴 일을 알지 못하고 들어오니 베드로가 가로되 그 땅 판 값이 이것뿐이냐. 내게 말하라 하니 가로되 예, 이뿐이로라고 답하니 베드로가 가로되 너희가 어찌 함께 꾀하여 주의 영을 시험하려 하느냐. 보라, 네 남편을 장사하고 오는 사람들의 발이 문 앞에 이르렀으니 또 너를 메어 내 가리라 한대 곧 베드로의 발 앞에 엎드러져 혼이 떠나는지라. 젊은 사람들이 들어와 죽은 것을 보고 메어다가 그 남편 곁에 장사하니 온 교회와 이 일을 듣는 사람들이 다 크게 두려워하니라[행 5:1~11].

46. 성령을 돈으로 사고자 했던 마술사 시몬

그 성에 시몬이라 하는 사람이 전부터 있어 마술을 행하여 사마리아 백성을 놀라게 하며 자칭 큰 자라 하니 낮은 사람부터 높은 사람까지 다 청종하여 가로되 이 사람은 크다 일컫는 하나님의 능력이라 하더라. 오랫동안 그 마술에 놀랐으므로 저희가 청종하더니 빌립이 하나님 나라와 및 예수 그리스도의 이름에 관하여 전도함을 저희가 믿고 남녀가 다 세례를 받으니 시몬도 믿고 세례를 받은 후에 전심으로 빌립을 따라 다니며 그 나타나는 표적과 큰 능력을 보고 놀라니라.

시몬이 사도들의 안수함으로 성령 받는 것을 보고 돈을 드려 가로되 이 권능을 내게도 주어 누구든지 내가 안수하는 사람은 성령을 받게 하여 주소서 하니 베드로가 가로되 네가 하나님의 선물을 돈 주고 살 줄로 생각하였으니 네 은과 네가 함께 망할지어다. 하나님 앞에 네 마음이 바르지 못하니 이 도에는 네가 관계도 없고 분깃 될 것도 없느니라. 그러므로 너의 이 악함을 회개하고 주께 기도하라. 혹 마음에 품은 것을 사하여 주시리라. 내가 보니 너는 악독이 가득하며 불의에 매인 바 되었도다. 시몬이 대답하여 가로되 나를 위하여 주께 기도하여 말한 것이 하나도 내게 임하지 말게 하소서 하니라[행 8:9~24].

47. 영광을 하나님께로 돌리지 아니하다 죽은 헤롯 왕

헤롯이 두로와 시돈 사람들을 대단히 노여워하나 저희 지방이 왕국에서 나는 양식을 쓰는 고로 일심으로 그에게 나아와 왕의 침소 맡은 신하 블라스도를 친하여 화목하기를 청한지라. 헤롯이 날을 택하여 왕복을 입고 위에 앉아 백성을 효유한대 백성들이 크게 부르되 이것은 신의 소리요, 사람의 소리는 아니라 하거늘 헤롯이 영광을 하나님께로 돌리지 아니하는 고로 주의 사자가 곧 치니 충이 먹어 죽으니라[행 12:20~23].